"十四五"普通高等教育精品系列教材

Python金融编程

▶主　编◎刘翠霞　臧亚君

西南财经大学出版社
中国·成都

图书在版编目(CIP)数据

Python 金融编程/刘翠霞,臧亚君主编.--成都:
西南财经大学出版社,2024.8. --ISBN 978-7-5504-6319-6

Ⅰ.F830.49

中国国家版本馆 CIP 数据核字第 2024MA6913 号

Python 金融编程

Python JINRONG BIANCHENG

主编　刘翠霞　臧亚君

责任编辑:李特军

责任校对:杨婧颖

封面设计:墨创文化

责任印制:朱曼丽

出版发行	西南财经大学出版社(四川省成都市光华村街55号)
网　　址	http://cbs.swufe.edu.cn
电子邮件	bookcj@swufe.edu.cn
邮政编码	610074
电　　话	028-87353785
照　　排	四川胜翔数码印务设计有限公司
印　　刷	成都金龙印务有限责任公司
成品尺寸	185 mm×260 mm
印　　张	11.125
字　　数	275 千字
版　　次	2024 年 8 月第 1 版
印　　次	2024 年 8 月第 1 次印刷
印　　数	1— 2000 册
书　　号	ISBN 978-7-5504-6319-6
定　　价	38.00 元

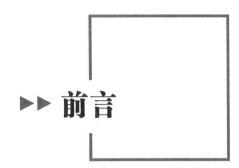

▶▶ 前言

　　随着科技的迅猛发展和科技带来的深刻变革,金融正在经历以数字为核心的科技革命。而人们所面临的数据是实时生成的多源异构数据,数据体量巨大、类型复杂,这对于数据处理、数据分析和数据运营人才而言是全新的挑战。现阶段,金融行业人才供给侧与行业需求侧之间结构性矛盾日益突出,对"数据+金融"的学科交融人才的需求量日益增大,加强金融人才数据素养培养越来越重要。

　　首先,金融行业数字化转型发展亟须数据素养较高的人才。在科技助力信息快速发展的时代,金融管理决策范式逐渐从以经验为主的决策向融合人的智慧和认知的数据驱动决策范式转变,数据在风险管理、客户服务、产品开发和创新方面均发挥着举足轻重的作用。人们可通过获取数据、运营数据,让数据产生价值;通过市场反馈信息实时识别出异常行为,规避风险;通过挖掘客户需求,提供个性化、定制化服务。随着大数据技术与金融的深度融合、金融云的加速建设、人工智能的深度应用,金融行业对能够分析和处理数据技术的人才的需求日益迫切。依据《2020 中国大数据产业发展白皮书》,到 2025 年,我国对大数据人才的需求规模高达 2 000 万人。现阶段,金融行业亟须培养具备金融思维和数据素养的交叉型复合人才,培养具备数据获取能力、算法功底、编程能力、数据挖掘分析能力和数据转换能力的"五元融合"数据技术素养型人才,数据素养成为未来新金融人才的核心素养之一。

　　其次,多源异构的复杂金融数据,对数据分析人才提出了新的要求。现阶段,金融数据不仅包括结构化的数值数据,还包括非结构化的文本、音频、视频等数据。数据的复杂性和多样性增加了处理的难度。来源不一的复杂数据,产生了海量数据。多源异构、强噪音、高重复性等成为现代数据的新特征。因此,清洗数据,对数据降重降噪,加工、分析和挖掘数据,以及呈现孪生真实世界的虚拟 4D 世界等成为对数据处理能力的新要求。

传统数据分析人才往往不具备这些新数据素养能力,并且这些新数据素养能力培养难度高、培养周期长,因此这也对数据分析人才的培养提出了新的要求,对数据分析人才的数据处理能力提出了新的要求。

再次,金融行业的数字化发展,需要更强大的算法与算力支撑。云计算、大数据、人工智能等新技术的融合,对算力和算法提出了新的挑战。我们需要构建嵌套多种算法与算力支撑的大模型,并且打通系统与系统之间的数据关联,实现不触碰数据就能运营数据,让数据完成从输入到过程加工再到输出的自动化操作。其背后是强大的算法和算力支撑。这对金融数据分析与挖掘人才提出了更高的要求。

最后,新金融时代面临着新的风险挑战。在百年未有之大变局加速演进的背景下,全球经济环境更加多元化,监管环境日益复杂化,金融行业面临的风险更大、更富有挑战性;同时,随着金融科技的快速发展,技术在带来巨大变革的同时,技术不稳定、数据泄露、系统故障等成为新的技术风险;随着金融产品和服务的持续创新,数字货币的普及,金融体系面临更复杂的市场风险;数字货币和电子支付系统产生新流动性风险;金融机构的运营越来越依赖于自动化系统和第三方服务提供商,这可能增加操作失误和第三方风险。诸多随着新事物、新模式、新发展而诞生的新风险,若仍依赖传统风控管理,很难识别和应对,因而运用大数据分析手段,及时从运行的数据中发现问题、识别风险至关重要。这对人们运用大数据技术和模型实时识别和感知风险的能力提出了新的要求。

由此可见,金融行业要通过数字化手段进行金融全生命周期服务转型,打造并形成数字金融生态,需要大量数字技术人才。有了足够的具备较高数据素养的人才,金融机构才能更好地适应金融场景的变化,提高竞争力,并为客户提供更优质的服务;同时,通过整合系统资源、合作与共生共享的模式,搭建数字底座,基于代码和算法运营数据,提供更综合的实时服务,增强场景体验和动态风险管理,增强客户黏性,创造出新的价值。

数据核心素养能力成为新时代金融人才的重要能力之一。本书中所述数据素养,是指狭义的数据技术素养,具体包括大数据获取能力、实时分析数据能力、系统模型构建能力和编程能力。

第一,大数据获取能力。要实现基于数据的运营,首先要做的是搭建数字底座,整合多方资源,构建基于大数据的数据资源平台。传统的收集一、二手数据的方式和方法已不能满足大数据资源平台的数据需求。运用新方法、新手段获取数据的能力是数据素养能力的基础。运用新方法、新手段获取数据的能力主要体现在以下几方面:一是,进一步规范和完善内部自有数据系统,打通金融机构多年累积起来的大量客户信息、交易信息、资产负债信息等数据,让数据实现规范化、统一化、系统化。二是,打造共建共享平台,通过整合企业、消费者、平台等各方资源,建立共建共享数据机制,完善数据加密政策,为金融的深层次管理和服务储备关联数据。三是,打通多个 API(Application Programming Interface,应用程序编程接口),获取不同数据平台的数据,和数据平台合作共享,获取行业、专业数据,为深挖数据信息和金融创新蓄能。四是,使用基于机器学习的爬虫方法,获取大量碎片化数据。

第二,实时分析数据能力。在互联网、物联网时代,针对实时生成的各类金融及相关领域数据,实时数据分析和挖掘能力至关重要。要处理巨量、多源、异构的数据,就需要一套完整的大模型体系框架来接收和实时处理数据流。相关人员需要掌握多种机器学习模型和算法,运用基于脚本语言的数据分析软件,实现对数据的实时拆解和分析并实时运营数据。利用数据分析技术来处理和分析大量金融数据的目的是发现数据中的模式、趋势和关联,从而帮助金融机构做出更理性的决策。

第三,系统模型构建能力。金融系统中的大模型构建是一个复杂的过程,涉及数据收集、模型设计、训练、评估、部署和预测等多环节。在模型设计环节,相关人员需要依据具体任务要求,确定特征变量,构建基于深度学习网络和模拟神经系统的网络模型,反馈从输入到输出的数据运行过程和决策过程,得到分析结论与启示,并通过测试样本的不断回带,测试模型决策的准确性,并经过反复校正和循环校正得到最终稳定的模型系统,以辅助决策和运营。

第四,编程能力。在科技金融、数字金融发展的新金融时代,编程能力成为金融数据素养型人才的基本能力。要实现智能化的金融量化交易、金融精准营销、金融风险管理、信用评估、投资管理、资本监管等各种主要功能,相关人员需要基于问题,构建模型,最终通过程序语言实现其智能化过程。相关人员需要将算法程序化,将程序模块化,实现模块与模块的整合、算法与算法的嵌套。常用的编程语言包括 Python、R、Java、C++、SQL等。Python 在近年越来越受欢迎,其在数据分析、统计建模和机器学习方面具有强大的库和框架支持。随着数字技术的不断进步,编程技术在金融领域中的重要性将继续提升。

面对海量的金融数据,不论是在前期数据获取阶段、数据预处理阶段,还是在数据分析阶段,我们均需要通过机器语言获取数据接口,搜索碎片化数据,完成数据清洗、降噪、预处理等工作;通过机器语言进行建模过程中的模型识别与预测,达到数据运营的目标。在信息爆炸时代,如何通过先进、智能、低成本的手段获得数据,并高效处理和应用数据,已经成为企业、政府降低成本和提高效率的重要手段。而通过哪个工具可以实现数据收集、数据预处理、数据清洗、数据挖掘与分析,以及人工智能模拟,当之无愧的王者工具就是 Python。

本书正是以提升新金融时代交叉型复合人才的数据素养为目的而编写的,是一本助力学生金融数据素养提升的基础工具书。本书在结构安排上可分为两部分:第一部分由第1章至第7章组成,主要系统介绍 Python 金融编程的基础,包括 Python 环境基本介绍、运用 Python 环境获取金融数据或者爬虫数据、数据的可视化呈现库、数据基本分析库资源介绍等。第二部分由第 8 章至第 11 章组成,主要讲解如何运用 Python 做量化分析,呈现 Python 的具体应用场景。

　　本书章节编写安排如下:第 1 章至第 7 章由刘翠霞博士编写;第 8 章至第 11 章由臧亚君博士编写。

　　编者水平有限,本书难免存在不足与纰漏,敬请广大读者不吝赐教,以便编者在后续版本更新中不断优化。

编者

2024 年 3 月

▶▶ 目录

18 / 3 爬虫基础

94 / 8　金融中的线性模型及 Python 实现

108/ 9　ARMA 模型及 Python 应用

1

Python 简介

1.1 初步认识 Python

1.1.1 Python 的发展史

Python 是一种面向对象的脚本语言,由荷兰研究员 Guido van Rossum 于 1989 年发明,并于 1991 年公开发行第一个版本。由于其功能强大和采用开源方式发行,Python 发展迅猛,用户越来越多,逐渐形成了一个强大的社区力量。如今,Python 已经成为最受欢迎的程序设计语言之一。2011 年 1 月,它被 TIOBE 编程语言排行榜评为 2010 年度语言。随着人工智能与大数据技术的不断发展,Python 的使用率呈现出高速增长的趋势。2023年 TIOBE 编程社区排名数据显示,Python 用户再次排行第一,占全球软件用户比重为 14.16%。

Python 具有简单易学、开源、解释性、面向对象、可扩展性和丰富的支撑库等优良特点,其应用也非常广泛,包括科学计算、数据处理与分析、图形图像与文本处理、数据库与网络编程、网络爬虫、机器学习、多媒体应用、图形用户界面、系统开发等。目前 Python 有两个版本:Python2 和 Python3,它们之间不完全兼容。其中 Python3 功能更加强大,代表了 Python 的未来,建议学习 Python3。

Python 开发环境众多,不同的开发环境其配置难度与复杂度也不尽相同,最常用的有 PyCharm、Spyder。特别是 Spyder,它在成功安装了 Python 的集成发行版本 Anaconda之后就自带 Spyder,而且界面友好。初学者或者不想在环境配置方面花太多时间的读者可以选择 Anaconda 安装,本书也是采用 Anaconda。

1.1.2 python 的特点

(1)开源:和大部分开源语言一样,Python 的源代码对用户是可用的,可以自由地访问、修改和处理源代码。Python 的开发和改进是由全世界开发者和使用者共同组成的社区开源环境完成的,这为用户提供了很强的灵活性和自由度。

(2)可解释性:Python 编程语言不需要编译成二进制代码运行程序,可以直接从源代码运行程序,Python 的编译器会在内部将 Python 代码转换为字节码,再由解释器执行命令,这相较于需要翻译成二进制的编程语言环境,便捷了许多。

(3)可移植性:Python 可以在不同的操作系统或者平台上运行,有很强的应用适应性。其可以移植到 Linux、Windows、FreeBSD、Macintosh、Solaris、OS/2、Amiga、AROS、AS/400、BeOS、OS/390、z/OS、Palm OS、QNX、VMS、Psion、Acom RISC OS、VxWorks、PlayStation、Sharp Zaurus、Windows CE、PocketPC、Symbian 以及 Google 基于 linux 开发的 android 平台;也可以与其他语言(C、C++、Java)集成,这解决了很多操作系统的差异性和不兼容的痛点。

(4)库支撑:Python 库资源强大是其能广泛应用的主要原因之一,其有庞大的第三方库资源生态系统。其有很多整合到 Anaconda 环境中的库资源。对于整合到 Anaconda 环境中的资源,编程人员使用时调用库资源即可;对于拓展未集成进去的外部拓展包,编程人员使用这些外部包资源时,需要将这些包安装到 Anaconda 环境,再调用库资源。

(5)面向对象:Python 既支持面向过程的编程也支持面向对象的编程。在"面向过程"的语言中,程序是由过程或函数构建起来的。在"面向对象"的语言中,程序是由数据和功能组合而成的对象构建起来的。在 Python 环境中,编程人员可以使用"对象"设计软件,这些对象可以是数据,也可以是代码。

(6)Python 还有一个很大的优势在于,其运行方式是通过社区驱动,是一个由全球开发者共同运行推动的平台,任何人都可以在该平台享用资源,同时可以夯实平台代码库、数据库、资源库等。

1.2　Python 的安装及环境

Python 通常可通过官网下载安装(https://www.python.org/)。人们可以自行下载适合于不同操作系统(Windows,MAC,Linux)的版本。

在安装过程中有两个注意事项:一是,需要选择安装和电脑配置相同的版本安装(32bit 与 64bit),本教材安装选择 64bit。二是,安装好 Python 后,往往还需要安装 Python 环境兼容的集成环境。目前常用且成熟的集成环境有 Anaconda(大蟒蛇)和 PyCharm,因为该环境能提供更多的功能和资源。

1.2.1　集成环境 Anaconda

安装发行版本 Anaconda 开发的集成环境,安装好 Anaconda 版本后,也相当于安装好了 python。

Anaconda 的官网下载地址是 https://www.anaconda.com/download/,或者直接网页搜索 Anaconda,进入官网,选择下载即可。Anaconda 常用的界面有 Jupyter Notebook、Spyder Prompt,现介绍这几个界面。

Jupyter Notebook:是开发者以 Web 形式编写并运行代码的,用户可以在该界面完成代码编写、运行和查看结果，尤其在可视化分析时，该界面优势明显。打开 Jupyter Notebook，显示如图 1-1 所示界面。

图 1-1　网页界面

Spyder 是 Anaconda 中的一个集成开发环境，主要功能是科学计算、数据分析和机器学习，其使用便捷，使用过程中不需要额外的软件支撑或者开发工具连接，是数据分析师和实证分析人员的首选软件之一。Spyder 界面比较友好，包括三个子窗口，如图 1-2 所示，左侧窗口接收信息和命令，右下侧窗口输出接口，右上侧窗口是对变量数据属性陈列。

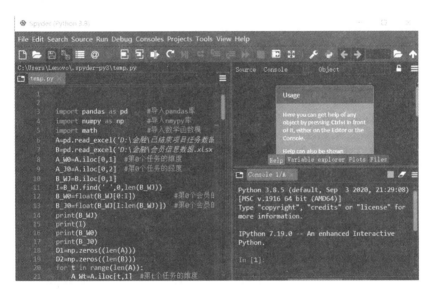

图 1-2　Spyder 界面

Anaconda Prompt：是命令界面，用户可以在该环境中运行脚本、安装和管理库资源、查看和使用 Conda 命令。用户可按照命令方式管理 Conda 环境和包资源，通常使用 pip 命令或者 Conda 命令安装、更新 Python 中的包资源。

如安装 Jieba 包资源，其命令实现界面窗口如图 1-3 所示。

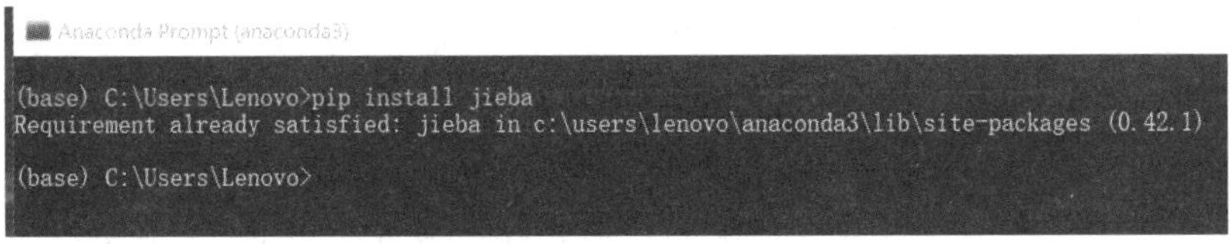

图 1-3　Prompt 界面

1.2.2　集成环境 Pycharm

Pycharm 是 JetBrains 公司开发的编译器,在代码补全、代码导航和自动化重构方面很有优势,在团队协作和项目运行时,有大量可应用工具集。该环境设计注重用户体验,在运行 Web 开发、数据分析、科学计算、数据分析等板块,均能提供支持。打开 Pycharm 界面窗口,如图 1-4 所示。

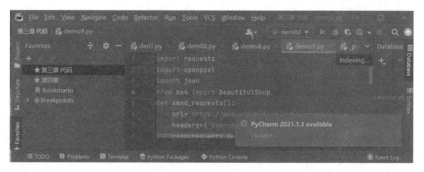

图 1-4　pycharm 环境

1.3　库资源的调用与安装

1.3.1　模块/库调用

库资源丰富是 Python 这些年发展如此迅猛的一个重要原因。有的库是 Python 自带的,有的库则需要我们进行下载才可以使用,下面介绍库资源的调用和安装。

Anaconda 中自带的库资源,可用 import 命令调用,引入库/模块的命令为:

import+库名

【例 1-1】安装 time 库资源,使用:

```
import time                #安装 time 库
print(time.strftime('%Y/%m/%d'))    #输出时间
```

运行结果为:

2024/04/29

1.3.2　模块/库安装

有些库资源是外部库,用户在调用 Python 外部库资源时,需要将该库资源先安装到 Anaconda 环境,再从 Anaconda 环境完成调用。

下面通过例子说明第三方资源库的安装与调用。

【例 1-2】访问第三方库资源 requests 库,并将其导入到 Python 环境。

完成第三方 requests 库的安装,需要两个步骤。

第一步,打开 Anaconda 安装库环境,首先需要打开电脑命令窗口,用 windows 标志键+R 快捷键打开电脑命令窗口,打开运行安装外部命令的对话框,打开对话框后如图 1-5 所示。

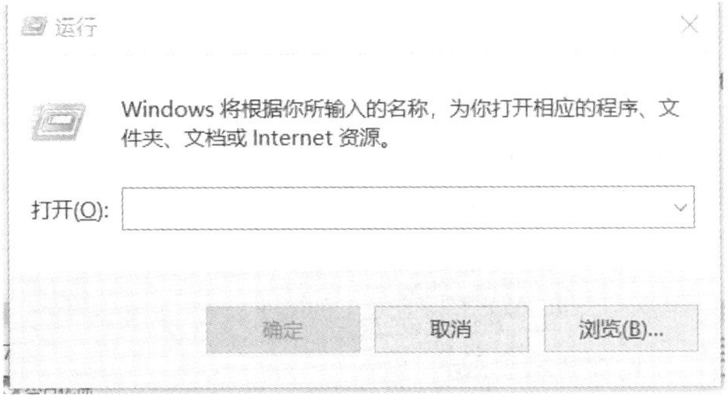

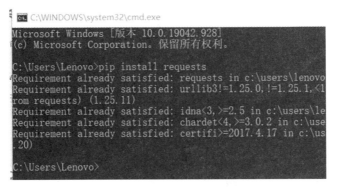

图 1-5　进入电脑命令窗口

在运行对话框中输入 cmd，调出 dos 命令窗口，输入安装命令："pip install requests"来安装 requests 模块，如图 1-6 所示。

图 1-6　电脑命令窗口

第二步，安装好 requests 模块后，可通过调用 requests 模块，访问 Web 网址，从而获取网页源代码，即：

import requests

金融数据获取在信息时代至关重要，Python 可通过访问数据库接口或者爬虫的方式，访问和获取大量金融数据。

1.4　Python 访问金融数据库资源

Python 有获得外部数据库的 API 接口，用户通过编写脚本，形成访问金融数据的 Python 库，进而访问特定数据库平台的数据。

1.4.1　tushare 库

tushare 库是免费、开源的 Python 财经数据的接口包。免费提供各类金融数据和区块链数据，可以获取普票类、基金类、指数类数据。

tushare 的安装，升级及导入，在 Jupyter Notebook 中安装运用命令：

！pip install tushare　　#安装命令

import tushare as ts　　#调入命令

jupyter notebook 中安装 tushare 时,需要在命令前添加"!"符号。

另外,获取 tushare 数据库数据的前提是通过 tushare 网站注册信息,获得 tushare 分配的账号,即在 https://tushare.pro 中注册获取账号。

此时,便可访问 tushare 中的数据,命令为:

ts.set_token('your_token')

需要注意的是,因为国内网络原因,常常会出现网络连接超时或者下载速度缓慢等问题。这时可以使用以下命令来更换:

pip install -i https://pypi.tuna.tsinghua.edu.cn/simple tushare

如果使用的是 python3.7 以上版本,用户可以使用以下命令来安装 tushare 库:

pip3install tushare

如果使用的是早期的 python 版本(例如 python2),用户需要修改后缀名获得 wheel 文件才能安装。

判断 tushare 有没有安装好,可在命令行窗口中输入以下命令来检查 tushare 是否已经安装成功:

import tushare

print(tushare.__version__)

如果输出 tushare 的版本号,说明 tushare 已经被成功安装。

【例 1-3】如获取股票代码为 600848 的数据。

! pip install tushare　　#安装命令

import tushare as ts　　#调入命令

ts.get_hist_data('600848')

获取部分数据截图如图 1-7 所示。

date	open	high	close	low	volume	price_change	p_change	ma5	ma10	ma20
2023-12-11	10.65	10.80	10.77	10.52	42640.18	0.09	0.84	10.736	10.836	10.929
2023-12-08	10.84	10.91	10.68	10.68	54571.84	-0.08	-0.74	10.740	10.871	10.932
2023-12-07	10.81	10.84	10.76	10.67	42871.51	-0.05	-0.46	10.776	10.917	10.940
2023-12-06	10.67	10.88	10.81	10.62	30003.86	0.15	1.41	10.820	10.959	10.948
2023-12-05	10.87	10.87	10.66	10.66	30776.80	-0.13	-1.21	10.850	10.982	10.955
...	...	...	...	...	...	...	...	...	...	...
2021-06-21	21.78	22.53	22.26	21.45	71964.68	0.57	2.63	21.854	21.854	21.854
2021-06-18	21.59	21.98	21.69	21.42	64520.24	-0.03	-0.14	21.753	21.753	21.753
2021-06-17	21.89	22.05	21.72	21.51	52788.39	-0.17	-0.78	21.773	21.773	21.773
2021-06-16	21.62	22.29	21.89	21.61	69454.02	0.18	0.83	21.800	21.800	21.800
2021-06-15	21.76	22.25	21.71	21.20	114026.33	-0.10	-0.46	21.710	21.710	21.710 1

图 1-7　部分 600848 普票数据

1.4.2 AKShare 库

AKShare 是基于 Python 环境的获取中国金融数据的数据库接口包,该库中可访问期货、期权、债券、股票、基金、外汇、加密货币等多种类别的金融类数据。

AKShare 是较权威的获取财经类原始数据的包,尤其是对数据展开交叉检验,论证数据科学性时,该包优势明显。

安装命令如下:

pip installakshare #安装库资源

import akshare as akr　#导入资源库

如:获取股票代码为 000002 的数据,获取代码为 000002 的基金数据

代码实现如下。

Data1 = ak.stock_zh_index_daily(symbol = "000002")

Data2 = ak.fund_net_value(symbol = "000002")

这里只是简要说明获取网站或者平台数据库的方法,具体获取数据案例,后文将在分析部分进一步详细说明。

作业

1. 安装 Python 软件,写出安装步骤并用图示展示安装过程。

2. 安装 Anaconda,写出安装步骤并用图示展示安装过程。

3. 输出下列代码的运行结果。

score = [ ]

score.append(90)

score.append(85)

score.append(70)

4. 输出下列代码的运行结果。

class1 = [´张三´, ´李四´, ´王五´, ´周六´]

c = class1[0]

print(c)

5. 安装 tushare 库,并获取股票代码为"600848"的 2020 年 01 月至 2023 年 09 月的数据.

2

Python 基本操作

2.1　Python 基本数据结构

本章主要介绍 Python 的基础知识,掌握 Python 的基础代码规则、数据结构及数据基本运算,具体内容包括 Python 数据类型、Python 环境数据基本结构,条件语句、循环语句、嵌套及函数。此外,还介绍了 Python 库的调用及安装,以及常用的获取金融网站和平台数据接口的 Python 库。

2.1.1　数据及基本类型

Python 中数据均以变量或者函数形式呈现,通常运用英文字母+下划线对变量命名,在变量命名时,尽可能不以常用的函数名命名,如 mean 等,数字开头的不能作为变量名。

用户需要对每个变量依据具体问题和诉求进行赋值。在变量赋值时,要明确数据的类型。

Python 基本数据类型包括数值、字符串、列表、元组、集合、字典。其中列表、元组、集合、字典为结构类数据。程序对数据结构中的数据进行运算和处理。

数值类数据:整型数据和浮点数据。

字符串数据:Python 中运用一对单引号或者三引号定义字符串数据,主要表示文本数据类型,可以是数值、字符、符号、文字等。

【例 2-1】设定利率为 3.2%,对应的年份为 2024 年,利率对应的属性为存款利率,对上述 3 个变量进行赋值。

r = 0.032

y = 2024

rz = ´存款利率´

对应的变量类型为浮点型,字符串型和整数型,具体见图 2-1。

Name	Type	Size	Value
r	float	1	0.032
X1	str	1	I am China!
y	int	1	2024

图 2-1　变量类型

2.1.2　列表

列表是 Python 中的基础数据结构,用来存放不同类型的数据,可以是数值型、字符串型或者浮点型等。注意:中括号表示数据类型为列表型。

【例 2-2】定义不同数据类型的列表类数据。

List1 = [89,90,78,67,45]

List2 = [2,4,'Jack','Jone']

List3 = ['China','America','Japan']

print (type(List2))

<class ´list´>

List4 = [1,´123´,[3,4,5]]

2.1.3　元组

元组也是 Python 中的基础数据结构,类似于列表,不同于列表的是,元组中的元素不能修改。元组用( )表示。

示例代码元组类数据。

y1 = (1,2,3,4,5)

y2 = (1,2,´s1´)

y3 = (´s1´,´s2´,´s3´)

如图 2-2 所示,以下数据类型均为元组类数据。

y1	tuple	5	(1, 2, 3, 4, 5)
y2	tuple	3	(1, 2, 's1')
y3	tuple	3	('s1', 's2', 's3')

图 2-2　元组

2.1.4　集合

集合是用大括号包括进来的不重复元素的序列。

【例 2-3】示例代码集合类数据。

Set1 = {1,´h´,2,3,4}

```
Set2 = {'KR', 'LY', 'SE', 'SE'}
print(Set1)
print(Set2)
```
执行结果为:
```
{1, 2, 3, 4, 'h'}
{'KR', 'SE', 'LY'}
```
注:集合中执行结果会自动排序,集合中重复的元素只出现一次,如:
```
Set3 = {1, 'h', 2, 3, 4, 2, 3, 4}
print(Set3)
```
执行结果为:
```
{1, 2, 3, 4, 'h'}
```
三个变量数据类型见图2-3。

Set1	set	5	{1, 2, 3, 'h', 4}
Set2	set	3	{'LY', 'SE', 'KR'}
Set3	set	5	{1, 2, 3, 'h', 4}

图2-3 集合

2.1.5 字典

字典为基础数据结构,由两部分组成,分别是键和值,中间用冒号衔接。

字典名称 = {键1:值,键2:值,键3:值...}

【例2-4】示例代码集合类数据。

```
dic1 = {'Jack':1, 'Jone':0, 'Rose':0, 'Tom':1}
print(dic1)
res = dic1['Jone']
print(res)
```
执行结果:
```
{'Jack': 1, 'Jone': 0, 'Rose': 0, 'Tom': 1}
0
dic1 = {'Jack':1, 'Jone':0, 'Rose':0, 'Tom':1}
for i in dic1:
print(i)
```
运行结果为:
```
Jack
Jone
Rose
Tom
```

注:关于换行和缩进

使用 if,while,for 等条件和循环语句运行条件语句时,在 Python 中,要按照层级结构设置条件,需要使用缩进代码的输入;在层结构中,对于下一层(子层),使用 Tab 键进行缩进;要返回到上一层,使用 Shift + Tab 键。

2.2 数据索引及基础运算

2.2.1 数据索引

数据索引:用户可以通过变量名称+[]的方式访问对应数据结构中的具体值。代码示例如下:

```
dic1 = {'Jack':1,'Jone':0,'Rose':0,'Tom':1}
List3 = ['China','America','Japan']
print(dic1['Jack'])
print(List3[1])
```

2.2.2 列表扩展及更改

列表扩展及更改:用户可以在创建的列表中添加或者删减元素,也可以先创建一个空列表,在此基础上再添加元素。命令为:

append():添加元素

在列表的基础上添加列表,可通过命令 extend()实现。

join():把列表中的元素合并成一个元素

【例2-5】在列表 s1 = [1,2,3,4,5,8]基础上添加列表 s2 = [1,2,'HE',3,5]。

命令执行如下:

```
s1. extend(s2)    #将 s2 添加到 s1
print(s1)
```

运行结果如下:

```
[1, 2, 3, 4, 5, 8, 1, 2, 'HE', 3, 5]
```

2.2.3 字符串和数值型数据的转化

用单引号或者双引号表达的数值也被认定是字符串。

```
a = 1
b = '1'
print(type(a),type(b))
```

运行结果:

```
<class 'int'> <class 'str'>
```

可以用 int()将字符串变成数值型,也可以用 str()把数值型变成字符串变量。

```
c = int(b)
```

```
d = c+5
print(d)
```
结果为:
```
6
```
如果改成:
```
d = b+5
print(d)
```
此时运行报错。

2.2.4　运算符

常用运算符有:

+:数字相加或者字符串拼接

-:数字相减

*:数字相乘

/:数字相除

>:大于

<:小于

and ：逻辑与

or ：逻辑或

not ：逻辑非

运算符操作列举几个简单的例子。
```
a = 18
b = 23
c = a+b
print('c = ',c)
```
运行结果:
```
c = 41
a = 'I am'
b = 'Rena'
c = a+' '+b
print(c)
```
运行结果:
```
I am Rena
```
比较运算符(<,>, ==)

举例:
```
a = 60
if a<60:
     print('不及格')
else:
print('及格')
```

运行结果：

及格

2.3 Python 中的循环语法

2.3.1 条件循环语句 ├─────────────────────────

条件语句有 if,if...else...,if...elif...else...三种形式。Python 按照条件判断语句,执行下一步操作。

【例 2-6】按判定条件输出相应结果。

```
math = 85
year = 2021
if( math>80 ) and ( year = = 2021 ) :
    print( ´2021 年成绩优秀´)
else :
    print( ´2021 年成绩合格´)
```

运行结果：

2021 年成绩优秀

```
weather = ´sunny´
if weather = = ´sunny´:
    print( ´play basketball´)
elif weather = = ´cloudy´:
    print( ´shopping´)
else :
print( ´do homework´)
```

执行结果为：

play basketball

2.3.2 for 循环语句 ├─────────────────────────

for 循环语句：循环按照某个条件执行一段代码,直到运行完满足条件的所有代码。其语法为：for...in( )。

【例 2-7】运用 for 循环输出段落数据。

```
package = [ ´段落一´,´段落二´,´段落三´,´段落 4´]
for i in range( len( package ) ) :
print( str( i+1 )+´.´+package[ i ])
```

运行结果为：

1. 段落一

2. 段落二

3. 段落三

4. 段落4

2.3.3　While 循环 ├────────────────────────────

While 语句:满足 while 条件,执行语句块,使用 while 循环语句时,需要设置循环条件。

【例2-8】求解 1 到 99 的求和。

使用 while 语言实现,代码如下:

```
k = 99
s = 0
while k:
    s = s+k
    k = k-1
print("s = ",s)
```

执行结果为:

```
s = 4950
```

使用 for 语言实现,代码如下:

```
s = 0
for i in range(100):
    s = s+i
print("s = ",s)
```

运行结果:

```
s = 4950
```

2.4　函数

2.4.1　函数定义 ├────────────────────────────

Python 中,用户可以通过定义一个函数来实现一个程序代码条件或者实现若干逻辑相同的代码,其函数可通过命令 def() 来实现。

【例2-9】对于上面 1 到 99 求和问题,使用定义函数的程序实现如下:

```
def sum1(t):
    s = 0
    while t:
        s = s+t
        t = t-1
s = sum1(99)
print("s = ",s)
```

此时,执行结果值为:

s= None

代码执行结果为空,原因是函数没有任何返回值,当需要返回值时,需要调用 return 命令。

```
def sum1(t):
    s=0
    while t:
        s=s+t
        t=t-1
    return s
s=sum1(99)
print("s=",s)
```

返回结果为:

s= 4950

【例2-10】通过定义函数的方式输出 com2=［′联想′,′华为′,′京东′,′小米′,′拼多多′］的结果。

```
def baidu(com1):
    print(com1+′completed! ′)
com2=［′联想′,′华为′,′京东′,′小米′,′拼多多′］
for i in com2:
baidu(i)
```

执行结果:

联想 completed!

华为 completed!

京东 completed!

小米 completed!

拼多多 completed!

有多个函数返回值时,用户可以通过定义一个元组返回结果。示例如下:

【例2-11】定义一函数,计算圆的周长和面积,并且返回不同参数值。

```
def te(r):
    import math
    s=math.pi * r * * 2
    c=2 * math.pi * r
    L=(s,c)
    D=［s,c,L］
    return (s,c,L,D)
v=te(10)
s=v［0］
c=v［1］
```

```
L=v[2]
D=v[3]
print(s)
print(c)
print(L)
print(D)
```

运行结果为：

314.1592653589793

62.83185307179586

(314.1592653589793, 62.83185307179586)

[314.1592653589793, 62.83185307179586, (314.1592653589793, 62.83185307179586)]

2.4.2 函数的递归与嵌套

设置一段递归代码,在递归过程中不断地调用函数的过程,称之为函数的递归。函数的递归需要设置递归终止的条件,否则进入无限循环。

【例2-12】设置递归函数,实现斐波那契数列,斐波那契序列的计算,公式如下：

$$f(n)=f(n-1)+f(n-2),n>2$$
$$f(n)=1,n<=2$$

代码实现如下：

```
def fb(x):
    if x<=2:
        return 1
    else:
        return fb(x-1)+fb(x-2)        # 定义 fb 序列规则
for i in range(1,20):
print('fb=',(i,fb(i)))                #定义递归函数
```

结果运行为：

fb=(19,4181)

2.5　异常程序处理

在 python 中,用 try/except 程序执行过程中出现的异常情况。如:用异常程序 try 实现 2/0 的情形：

运行

a=1/0

print(a)

系统会报错,用户可通过以下方式处理：

```
try:
    a = 1/0
    print(a)
except Exception as e:
    print('出现异常')
print('正常运行')
```

运行结果为:

出现异常

作业

1. 定义一字典类数据,并访问其中某个元素。

2. 对 $x^2 - 3x + 2 = 0$,运用顺序结构代码语言实现其求解过程。

3. 用 for 循环实现输出一个从 1 加到任意数的程序。

4. 姓名为欧阳春的用户,有多个用户名称,用户名称分别为剑客行、令狐阆中、马云云。请你构造一个返回未知参数的函数,实现上述诉求。

5. 用所学知识,编写一个解约瑟夫问题的程序,约瑟夫问题描述如下:古罗马人占领乔塔帕特后,39 岁犹太人与约瑟夫及他的朋友躲到一个洞中,39 岁犹太人决定宁死也不被敌人抓到,于是商定以一种特殊的方式自杀:41 个人排成一个圆圈,由第一个人开始报数,每报到数字 3 的人就必须自杀,直到所有人都自杀身亡为止。但是约瑟夫及其朋友并不想死,那么请问:约瑟夫及其朋友应该怎样安排自己的位置才能逃过一劫?

3

爬虫基础

爬虫是当代获取数据的新手段,在数据挖掘中起到了重要作用。本章将介绍什么是爬虫、爬虫的正则表达、网页结构基础、网页基础搭建以及爬虫实施。

3.1　爬虫概述

爬虫,又称网页蜘蛛,网络机器人,指的是设置一段代码或者脚本,按照一定搜寻规则,自动搜寻 web 信息的网络技术。爬虫的核心是识别 web 中的大量字符串信息。Python 中包含大量的字符串处理函数和成熟的字符串处理方法。

网络爬虫的三个主要问题:第一个是抓取目标的描述与定义。目标包括网站目标和数据目标,即爬取具体网站的具体类型的数据。用户通过明确网络爬虫的抓取目标和定义,可以确保爬虫项目的合理性、合法性,提高抓取数据的准确性和效率。第二个问题是对 URL(统一资源定位系统)的搜索策略。在爬取网络数据时,用户需要对统一资源定位系统进行有效的搜索和管理。这个搜索包括广度的搜索(从 URL 开始,逐层访问网络连接)和深度的搜索(沿着一个 URL 的一个方向,尽可能深地抓取链接),当然,选择什么样的搜索策略,取决于爬虫的目标、资源的限制、目标网站的特征等,因此组织有效的 URL 搜索策略可提高效率,减少时间和资源耗损。第三个问题是,爬取到网页数据后的分析和过滤。爬取到的网页数据是 HTML 格式的,用户需要对 HTML 类型数据进一步解析;同时,爬取到的数据往往是强噪声的,用户需要做数据清洗、去重降噪,提取核心信息。

3.1.1　爬虫策略分类

依据爬取数据对 URL 的搜索策略,我们可将爬虫分为通用网络爬虫和聚焦网络爬虫。

(1)通用网络爬虫,也指全网爬虫,指爬行对象从一些种子 URL 扩展到整个 web,主要为门户网站引擎和大型 web 服务提供商采集数据。其特点是搜索范围广,数据量巨大,速度快,存储空间大。

（2）聚焦网络爬虫,是指选择性地爬行符合某种主题规则的数据。其特点是节省网络空间,节省存储硬件,保存页面速度快,增加了连接评价模块和内容评价模块。

3.1.2 爬虫手段分类

依据爬取数据的方式或手段和爬取数据算法规则,我们可将爬虫划分为以下几种类型。

（1）基于内容评价的爬行策略。DeBra 将文本相似度的计算方法引入到网络爬虫中,提出了 Fish Search 算法,它将用户输入的查询词作为主题,包含查询词的页面被视为与主题相关,其局限性在于无法评价页面与主题相关度的高低。Herseovic 对 Fish Search 算法进行了改进,提出了 Sharksearch 算法,利用空间向量模型计算页面与主题的相关度大小。

（2）基于链接结构评价的爬行策略。Web 页面作为一种半结构化文档,包含很多结构信息,可用来评价链接重要性。PageRank 算法用于在搜索引擎信息检索中对查询结果进行排序以及用于评价链接重要性,具体做法就是每次选择 PageRank 值较大的页面中的链接来访问。另一个利用 Web 结构评价链接价值的方法是 HITS 方法,它通过计算每个已访问页面的 Authority 权重和 Hub 权重,来此决定链接的访问顺序。

（3）基于增强学习的爬行策略。Rennie 和 McCallum 将增强学习引入聚焦爬虫,利用贝叶斯分类器,根据整个网页文本和链接文本对超链接进行分类,为每个链接计算出重要性,从而决定链接的访问顺序。

（4）基于语境图的爬行策略。Diligenti 等人通过建立语境图（Context Graphs）学习网页之间的相关度来训练一个机器学习系统。用户通过该系统可计算当前页面到相关 Web 页面的距离,距离越近的页面中的链接优先访问。印度理工大学（IIT）和 IBM 研究中心的研究人员开发了一个典型的聚焦网络爬虫。该爬虫对主题的定义既不是关键词也不是加权矢量,而是一组具有相同主题的网页。它包含两个重要模块:一个是分类器,用来计算所爬行的页面与主题的相关度,确定是否与主题相关;另一个是净化器,用来识别通过较少链接连接到大量相关页面的中心页面。

（5）增量式网络爬虫。增量式网络爬虫（Incremental Web Crawler）是指对已下载网页采取增量式更新和只爬行新产生的或者已经发生变化网页的爬虫,它能够在一定程度上保证所爬行的页面是尽可能新的页面。与周期性爬行和刷新页面的网络爬虫相比,增量式爬虫只会在需要的时候爬行新产生或发生更新的页面,并不重新下载没有发生变化的页面,可有效减少数据下载量,及时更新已爬行的网页,减小时间和空间上的耗费,但是增加了爬行算法的复杂度和实现难度。增量式网络爬虫的体系结构包含爬行模块、排序模块、更新模块、本地页面集、待爬行 URL 集以及本地页面 URL 集。

（6）Deep Web 爬虫。Web 页面按存在方式可以分为表层网页（Surface Web）和深层网页（Deep Web,也称 Invisible Web Pages 或 Hidden Web）。表层网页是指传统搜索引擎可以索引的页面,是以超链接可以到达的静态网页为主构成的 Web 页面。Deep Web 是那些大部分内容不能通过静态链接获取的、隐藏在搜索表单后的,只有用户提交一些关键词才能获得的 Web 页面。例如那些用户注册后内容才可见的网页就属于 Deep Web。

2000 年 Bright Planet 指出：Deep Web 中可访问信息容量是 Surface Web 的几百倍，是互联网上最大、发展最快的新型信息资源。Deep Web 爬虫体系结构包含六个基本功能模块（爬行控制器、解析器、表单分析器、表单处理器、响应分析器、LVS 控制器）和两个爬虫内部数据结构（URL 列表、LVS 表）。其中 LVS（Label Value Set）表示标签/数值集合，用来表示填充表单的数据源。

网站公开 API 是网站提供的访问数据的接口，程序开发人员依据特定网站的接口规则、协议和标准来访问该网站的数据信息，如百度 API 集市有 1 136 个数据服务接口，聚合有 144 个数据服务接口；华付数据有 32 个数据服务接口；易源数据有 174 个数据服务接口；豆瓣、蚂蚁金服、快手、抖音等都是基于 API 原理的平台产品。API 为数据共享和数据获取提供了极大的便利，也使爬虫能够便捷地利用规则快速获取想要的数据。

下面将逐步介绍爬取数据的规则，具体包括数据的正则表达、数据匹配、网页结构等，最终实施爬虫计划。

3.2 正则表达

爬虫的数据大部分是字符串形式，爬虫过程中，通过代码将字符串数据处理成标准的字符串模版，为准确且有效地爬取数据奠定基础。

3.2.1 字符串处理

常用的字符串处理函数有：

Str.capitalize( )：首字母大写

Str.lower( )：转换成英文字母

Str.casefold( )：大写字母转换成小写字母

Str.supper( )：小写字母转换成大写字母

Str.count(sub[,start[,end]])：统计字符串中 sub 出现的次数。

Str.format(* args, * * kwargs)：格式化字符串

Str.join(iterable)：连接可迭代对象 iterable

Str.strip([chars])：去除字符串两端的 chars 字符

Str.Lstrip([chars])：去除字符串左端的 chars 字符

Str.rstrip([chars])：去除字符串右端的 chars 字符

Str.replace(old,new[,count])：将 old 字符串替换成新的字符串 new

Str.split(seq=None,maxsplit=-1)：将字符串分割

字符串函数举例。

【例 3-1】完成对变量 a 的字符串转换操作，a = ′i am Liuhua, I come from china′。

b = a.capitalize( )   #首字母大写

print(b)

运行结果为：

′I am liuhua,i come from china′

b.casefold( )　　　#大写字母改为小写字母

运行结果：

´i am liuhua,i come from china´

b.upper( )　#小写转大写

´I AM LIUHUA,I COME FROM CHINA´

b.count(´i´)　#统计 i 出现的次数

3

b.find(´liu´)　#返回 liu 首次出现的位置

5

b.split( )　　　#将 b 变量拆分

〔´I´,´am´,´liuhua,i´,´come´,´from´,´china´〕

3.2.2　正则表达

正则指的是用单个字符串描述或者匹配符合一定规范的语法规则的字符串,通常简称为:re。

(1)匹配。

在正则表达中,如果直接给出的是字符,称为精准匹配,常用的匹配符号有:

"\d":表示匹配一个数字

"\w":表示匹配一个字母或数字

".":匹配任意字符

"\s":匹配空格符

表 3-1 列出了有关匹配更精准的匹配规则。

表 3-1　匹配规则

\w	匹配字母或数字
\d	数字
*	匹配前面的内容 0 次或多次
+	匹配前面的内容至少 1 次
?	匹配前面的字符串 0 次或 1 次
.	任意单个字符串
〔〕	匹配〔〕内的任意一个字符
\	把后面特殊意义的符号输出
^	字符串开头的字符或子表达式
$	从字符的末端匹配
|	匹配任意有|分割的部分
?!	不包括。表示这些字符不能出现
( )	( )内的表达式有限运行

表3-1(续)

\w	匹配字母或数字
{a,b}	匹配前面的字符串 a~b 次
[^]	匹配任意不在[ ]内的字符
\D	非数字

如:[0-9a-zA-Z_]:匹配数字,大小写字母或者下划线。

[0-9a-zA-Z_]+:匹配至少由字母、数字、下划线组成的字符串

(2)模块。

Python 的正则表达式库是:re。re 是 python 自带的库,可调用 re 库,实现字符串的正则表达。

re.findall( ):匹配原始文本

【例3-2】提取字符串中的 3 位数,content=′hellow 123 world 234 华晓智 python 基础数学 135′。

```
import re
content=′hellow 123 world 234 华晓智 python 基础数学 135′
result=re.findall(′\d\d\d′,content)
print(result)
```

运行结果为:

[′123′,′234′,′135′]

输出上述 result 结果中的第 2 个元素

re.match( ):判断是否匹配

```
b=result[1]
print(b)
```

结果为:234

输出结果看起来是数字,其实其含义是字符串,想把字符串变为数字,操作如下:

```
c=int(b)
```

(3)匹配的进阶(. * ?)简介。

(. * ?)代表的含义是匹配两个文本 A,B 之间的内容,不需要指导具体的长度和格式。

【例3-3】匹配字符串信息"中国模式:平台,互联网,制度优势,我爱中国"匹配文本 A:"中国模式",B:"我爱中国"之间的信息。

```
import re
con=′中国模式:平台,互联网,制度优势,我爱中国′
b=re.findall(′中国模式:(. * ?),我爱中国′,con)
print(b)
```

程序运行结果为:

[′平台,互联网,制度优势′]

也可以通过先设置匹配规则,再调用匹配函数的方式实现上述功能。

代码如下：

s=´中国模式：(.*?)，我爱中国´

m=re.findall(s,con)

(.*?)的另外一个优势是，可以匹配满足满足条件的多个内容。

【例3-4】con=´中国模式：平台,互联网,制度优势,我爱中国 中国模式：数据红利 政策红利,我爱中国´，匹配中间内容。

s=´中国模式：(.*?)，我爱中国´

m=re.findall(s,con)

print(m)

匹配结果为：

［´平台,互联网,制度优势´，´数据红利 政策红利´］

3.3　正则表达进阶：匹配的高阶

3.3.1　findall.py

findall()可以寻找原始文本中符合匹配规则的信息。findall()函数包含在re的模块中，格式为：findall(匹配规则(或者匹配规则变量)，原始文本(或者原始文本变量信息)。

【例3-5】实现以下代码：

import re

s1=´I am a 中国人´

s2=re.findall(´\w\w\w´,s1)

print(s2)

运行结果为：

［´中国人´］

import re

s1=´I am a 中国人´

s2=re.findall(´\s\w\s´,s1)

print(s2)

匹配结果为：［´a´］

3.3.2　贪婪匹配

将匹配任意字符的"."和匹配任意个表达式的"*"放在一起的匹配规则为贪婪匹配，其会匹配出各种内容。

【例3-6】示例贪婪匹配的使用。

import re

s1=´I am a 中国人´

s2=re.findall(´.*´,s1)

print(s2)

匹配结果为：

['I am a 中国人', '']

此匹配会匹配出过多内容，很难达到较精准的匹配或者经过筛选的匹配。下面讲解与之对应的匹配——非贪婪匹配。

3.3.3　非贪婪匹配

（1）非贪婪匹配(.*?)。

匹配两个文本之间的信息，不需要知道确切的格式或者数据长度。

【例3-7】配信息 A 与信息 B 之间的信息。

```
import re
s1 = '信息 A 搜狐新闻，新浪新闻，信息 B'
s2 = re.findall('信息 A(.*?)信息 B', s1)
print(s2)
```

匹配结果：

['搜狐新闻，新浪新闻，']

或者代码改写为：

```
import re
s1 = 'I am a 中国人'
s2 = re.findall('.*', s1)
print(s2)
```

运行结果是一样的。

当一段信息中包含信息 A 与信息 B 之间的多个内容时，匹配出的结果也是多个。

```
import re
s1 = '信息 A 搜狐新闻，新浪新闻，信息 B 信息 A 搜狗新闻，中国网通信息 B'
s3 = '信息 A(.*?)信息 B'
s2 = re.findall(s3, s1)
print(s2)
```

匹配结果：

['搜狐新闻，新浪新闻，', '搜狗新闻，中国网通']

在获取到的网页源代码信息中，用户可以通过设置匹配规则抓取相应的信息。

```
import re
s1 = '阿里巴巴</em>旗下的蚂蚁集团将成为首批参与中国数字货币试点的大型民营企业之一。CNBC 援引中国官方媒体周一报道，网商银行允许部分用户将自己的账户与中国数字人民币应用程序相关联。蚂蚁金服持有网'
s2 = '阿里巴巴</em>(.*?)企业'
s3 = re.findall(s2, s1)
print(s3)
```

抓取到的信息是：

［'旗下的蚂蚁集团将成为首批参与中国数字货币试点的大型民营企业之一'］

（2）非贪婪匹配.＊？。

当两个信息 A,B 之间的内容太多,用户不想输入时,可以用.＊？来代替,.＊？并不代表匹配规则,只是省略信息的标识。

【例 3-8】示例非贪婪匹配.＊？。

import re

s1＝'阿里巴巴</em>旗下的蚂蚁集团将成为首批参与中国数字货币试点的大型民营企业之一。CNBC 援引中国官方媒体周一报道,网商银行允许部分用户将自己的账户与中国数字人民币应用程序相关联。蚂蚁金服持有网'

s2＝'阿里巴巴</em>.＊？ 企业之一(.＊？)蚂蚁金服持有网'

s3＝re.findall(s2,s1)

print(s3)

运行结果为:

［'。CNBC 援引中国官方媒体周一报道,网商银行允许部分用户将自己的账户与中国数字人民币应用程序相关联。'］

【例 3-9】匹配百度资讯新闻中的部分信息。

<h3 class＝"news-title_1YtI1"><a href＝"https://baijiahao.baidu.com/s? id＝1699238831502834721&wfr＝spider&for＝pc" target＝"_blank" class＝"news-title-font_1xS-F" data-click＝"｛

'f0':'77A717EA',

'f1':'9F53F1E4',

'f2':'4CA6DE6E',

'f3':'54E5243F',

't':'1620635263',

｝"><! --s-text-->...生前志愿书催泪! 潇湘晨报联合<em>阿里巴巴</em>天天正能量授予其父母...<! --/s-text--></a></h3>

对应的网络源代码如下:

import re

s1＝'h3 class＝"news-title_1YtI1"><a href＝"网址" data-click＝"｛英文＆数字｝">...生前志愿书催泪! 潇湘晨报联合<em>阿里巴巴</em>天天正能量授予其父母...<! --/s-text--></a>'

s2＝'h3 class＝"news-title_1YtI1">.＊？ </em>(.＊？)</a>'

title＝re.findall(s2,s1)

print(title)

运行结果为:

［'天天正能量授予其父母...<! --/s-text-->'］

在此例中,信息 A 为:h3 class＝"news-title_1YtI1">.＊？ </em>。

信息 B 为:</a>,需要匹配的内容为 A 与 B 之间的内容,A 的内容过长,可以通过一系列缩写和匹配符号.＊？来简化匹配规则。

3.3.4　自动换行匹配

当网页代码或者信息存在换行情形时,.*? 和(.*?)无法匹配换行信息。如果存在换行情形,用户可以通过 re.S 处理存在换行的情形的数据匹配。

【例 3-10】上述信息的匹配过程,如果存在换行情形时,可以设置如下代码。

```
import re
s1 = '''h3 class = "news-title_1YtI1">
<a href = "网址" data-click = "｛英文 & 数字｝">...
生前志愿书催泪! 潇湘晨报联合<em>阿里巴巴</em>天天正能量授予其父母...<!--/s-text--></a>'''
s2 = 'h3 class = "news-title_1YtI1">.*? </em>(.*?)</a>'
title = re.findall(s2,s1,re.S)
print(title)
```

运行结果为:

```
['天天正能量授予其父母...<!--/s-text-->']
```

需要注意的是,在上面的代码中,如果不用修饰符 re.S,则抓取不到任何信息。另外,需要用'''来标识文本信息中带有换行的匹配。

3.4　网页结构搭建基础

3.4.1　查看网页代码

网络爬虫爬取网络数据,需要通过浏览器(推荐使用谷歌浏览器),获取网络源代码,从源码中获取相关信息。因此,查看网页代码,分析网页结构,是理解网页结构和提取数据前的渲染过程,这个环节对于高效爬虫、处理网页结构至关重要。现介绍如何查看网页源代码。

(1)F12 键。

F12 键:在搜索窗口输入要搜索的关键词,按键 F12 (有些计算机按键 F12+Fn),就会弹出如图 3-1 所示的界面,右侧部分为源代码。

图 3-1　网页代码截图

下面介绍选择按钮和"元素"按钮,用户通过这两个选项可以找到源代码,建立源代码和网页内容之间的连接关系。

选择按钮:点击 ▣,其会变成蓝色,然后把鼠标在页面上移动,页面上的颜色就会发生改变。如图 3-2 所示,当移动鼠标的时候,界面上的颜色会发生变化,并且 Elements 里的内容也会随之发生变化。

图 3-2 激活选择按钮

Elements:网页源代码内容,双击 elements 中需要编辑的内容,变为可编辑状态,如,双击"支付赊账",该部分内容变为可编辑状态,就可将其改为其他内容,如图 3-3、图 3-4 所示。

图 3-3 更改前网页

图 3-4　更改后网页

（2）菜单选项实现。

菜单选项也可以调出源代码界面,右击网页界面,选择"查看网页源代码",就能调出该页面对应的源代码,如图 3-5 所示。

图 3-5　源代码信息页面

调出源代码界面后,按快捷键 Ctrl+F 键,可弹出搜索窗口,在搜索窗口中,可输入要搜索的该网页的具体内容。

（3）通过 Python 中的"requests"或者"urllib"模块实现调出代码。

【例 3-11】调出百度页面的源代码。

代码实现如下:

```python
import requests
url = 'http://www.baidu.com/'
res = requests.get(url)
print(res.text)
```

执行结果见图 3-6。

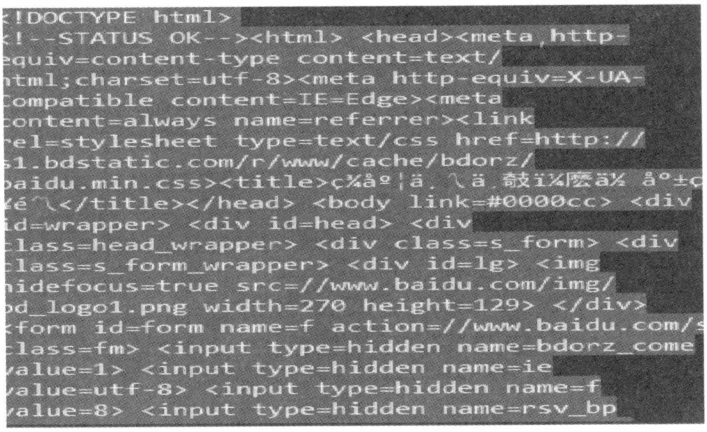

图 3-6 百度网页代码

3.4.2 网页结构

网页中的内容,源代码是通过迭代式的层结构呈现。网页结构指的是 HTML 文档的标签、类名、ID 等组织方式,箭头代表层,每一层中的内容都可以通过左击按钮键显示下一层的内容,见图 3-7。在网页结构中,用户可以查看源代码,识别 HTML 元素,如<div>、<span>、<a>、<table>等,查看网页类和 ID 属性,分析数据属性,识别内容区域,了解网站结构和页面之间的关系等。 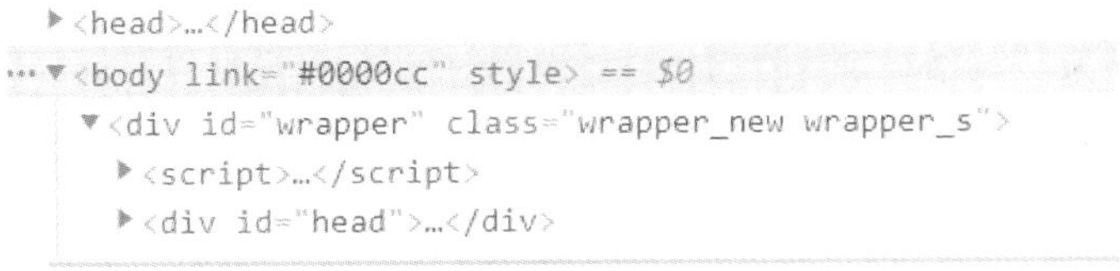

图 3-7 网页结构

3.5 网页搭建

3.5.1 HTML 语言

HTML 是超文本标记语言,是用于编写网页的标准性语言,该语言通过标签和属性定义网页结构,编写网页内容,是一种结构化的语言。HTML 是构建 Web 的基础,它与 CSS 和脚本结合在一起,构成形成网页,是 Web 开发的核心技术元素。

【例 3-12】制作一个简单的网页。

在文档文本中输入:

```
<html>
        <p>我爱中国<p>
```

</html>

将其另存为 html,打开 html 格式的文件,就是一个简单的网页(见图 3-8)。

图 3-8　简单网页 a

在制作好的网页中可增加或者更改内容(见图 3-9)。

图 3-9　简单网页 b

3.5.2　标题

HTML 的标题是通过<h1>-<h6>来定义,代表六个层级的标题,这六个层级是逐渐向内的层级关系,1 到 6 层的过程中字体从大到小渐变。

其固定格式为:

<h1>标题</h1>　　　#第一层标题
<h6>标题</h6>　　　#第六层标题

如:

<html>

    <h1>这是我的第一个网页</h1>
    <h2>这是我的第一个网页</h2>
    <h3>这是我的第一个网页</h3>
    <h4>这是我的第一个网页</h4>
    <h5>这是我的第一个网页</h5>
    <h6>这是我的第一个网页</h6>

</html>

具体结果见图 3-10。

图 3-10 网页标题

3.5.3 段落

HTML 对段落的定义,是通过<p>标签来实现的,固定格式为:

<p>段落</p>

如,对上面例子,每一个标题下,加上相应的内容,结果见图 3-11。

图 3-11 网页段落

3.5.4 网络连接

链接标签<a>：HTML 中，段落和段落之间的连接，是通过标签<a>实现的。

例如，在上述网页代码上，添加一个连接。

<html>
    <h1>这是我的第一个网页</h1>
   <p>我爱中国<p>
   <a href=" https：//www.baidu.com">这是百度网页的连接</a>
</html>

网页打开如图 3-12 所示。

图 3-12　网络连接

点击连接后，网页跳转到百度页面，此种情况下，跳转到要连接界面后，会覆盖之前的页面，如果想让跳转的页面不覆盖之前的页面，跳转到另一个页面，可以在要连接的地址后面加上：target=_blank.

<html>
    <h1>这是我的第一个网页</h1>
   <p>我爱中国<p>
   <a href=" https：//www.baidu.com" target=_blank>这是百度网页的连接</a>
</html>

点击连接后，新的百度页面会在另外一个页面打开，不会覆盖原有的页面。

3.5.5 区块

HTML 中的区块格式，是通过<div>内容</div>分隔符实现，此分隔符起到分区的作用。

比如，将百度新闻上的 10 条新闻，分别放置在 10 个区域中，如图 3-13 所示。

```
▼<div class="result" id="1">
  ▼<h3 class="c-title">  中框里包着的小框
    ▼<a href="https://www.jfdaily.com/news/detail?id=123086" data-c
        'f0':'77A717EA',
        'f1':'9F63F1E4',          小框包着的小小框
        'f2':'4CA6DE6E',
        'f3':'54E5343F',
        't':'1545474863
        }" target="_blank">
"中框"       智能手机后出现又一个必争平台,"
             <em>阿里巴巴</em>
             "、腾讯、百度,还有不做...

      </a>                每个"中框":div中包含的是各个小框,包含
    </h3>                 新闻标题,网址,来源等信息
  ▶<div class="c-summary c-row ">...</div>
</div>
▶<div class="result" id="2">...</div>
▶<div class="result" id="3">...</div>
▶<div class="result" id="4">...</div>
▶<div class="result" id="5">...</div>
```

图 3-13 区块演示

3.5.6 类

类的代码为:class,一般写在标题,内容,分类等标签框的后面。比如:

<h3 class="c-title">以及

<div class="result" id="1">

具体结果见图 3-14。

图 3-14 类演示

3.5.7 ID

ID 指的是类中的具体地址。相同的类中,ID 可以不同,如图 3-15 所示。

```
▼<div>
  ▶<div class="result" id="1">…</div>
  ▶<div class="result" id="2">…</div>
  ▶<div class="result" id="3">…</div>
  ▶<div class="result" id="4">…</div>
  ▶<div class="result" id="5">…</div>
  ▶<div class="result" id="6">…</div>
  ▶<div class="result" id="7">…</div>
  ▶<div class="result" id="8">…</div>
  ▶<div class="result" id="9">…</div>
  ▶<div class="result" id="10">…</div>
</div>
```

图 3-15　ID 演示

作业

1. 熟悉匹配规则、匹配符号,灵活应用各种匹配符号(自己举例)。

2. 查看网页源代码(自己举例)。

3. 灵活应用字符串处理函数(自己举例)。

4. 用非贪婪匹配匹配出下列信息的部分信息。

5. 据某报 4 月 19 日报道,某国卫生部门前一天对外公布数据显示,该国在过去 24 小时内新增感染人数 26.1 万例,过去一周,该国感染人数已经超过 100 万之多。

这还仅仅只是该国官方所能了解到的数据,该国的经济不是很发达,或许还有不少贫困的地区民众没有被计算在内。

(1)匹配出感染人数数字信息;

(2)匹配出日期信息。

6. 自己制作一个网页,要求要有区块,类,ID,标题,段落,内容,连接。

7. 安装导入 requests 包,并熟悉该模块包。

8. 爬虫京东网页代码数据。

4

网页解析及爬虫实战

Python 主要通过调用爬虫库,爬取 web 中的信息。Python 有爬取网页标准 HTML 语言的库,有从网页中解析和提取文本信息的库,也有建立库与库之间信息交换的存储信息的库。下面,对基于 Python 的爬虫库进行简要的介绍。

4.1 请求库

4.1.1 ID 请求库 urllib

urllib 和 urllib2 是 Python 内置的 HTTP 请求库,用于爬取 web 中的 HTML 信息。

1. urllib.request 模块

该模块的主要功能是请求浏览器网页浏览的 HTML 源代码信息。用法代码如下

```
import urllib.request
Result = urllib.request.urlopen("网址")
```

【例 4-1】爬虫百度 HTML。

```
import urllib.request
result = urllib.request.urlopen('https://www.baidu.com')
print(result.read().decode('utf-8'))
```

运行结果见图 4-1。

```
<html>
<head>
    <script>

location.replace(location.href.replace("https://","http://"
));
    </script>
</head>
<body>
    <noscript><meta http-equiv="refresh"
content="0;url=http://www.baidu.com/"></noscript>
</body>
</html>
```

图 4-1　Baidu html 代码

爬取到 html 代码后,要转换成直接使用的数据,还需要进一步对其处理与解析。

urllib.error:异常处理模块

urllib.parse url:解析模块

urllib.robotparser robots.txt:解析模块

实际应用中,由于 urllib 代码规则比较严格,有诸多不方便的地方,实际使用中,应用较多的是使用第三方库 request 库来爬取网络源代码数据。

4.1.2　请求库 requests 库

requests 是一个三方库,其功能和 urllib 相似,但使用起来比 urllib 简洁方便,其代码规则也是基于 urllib 编写的。requests 是非 python 自带的第三方库,使用该库时,首先需要完成对库的安装。

(1)requests 库安装。

调出 dos 命令窗口,输入安装命令"pip install requests"来安装 requests 模块。

(2)调用 request 库。

安装好 requests 模块后,可通过调用 requests 模块,访问 Web 网址,从而获取网页源代码。

如:

import requests

url = ´https://www.baidu.com´

res = requests.get(url).text

即可得到百度首页网页源代码。

4.2 解析库

通过 requests 模块爬取的信息,其本质是 webHTML 格式的源代码,而现实中,我们需要的是爬取网页中的具体文本信息。下面将介绍如何将源代码信息转换为最终输出的文本信息。

要将源代码转换为文本信息需要对数据进行解析。

数据解析方式有 XPath,BeautifulSoup,正则表达式,pyquery 等。

4.2.1 XPath 解析库

XPath:是 XML Pyth 语言 ,是在 XML 文档中查询信息的语言。该解析语言需要依赖 Python 中的 LXML 库来实现。该库的优点是支持 HTML 语言的查询,可以通过元素、属性导航数据。LXML 要解析的是 XML 树形结构的数据,先简要介绍下 XML 树形结构(如图 4-2 所示)。

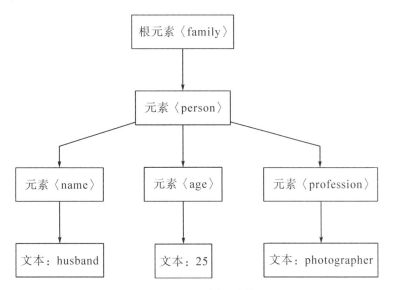

图 4-2　XML 树形结构

该树形结构图能反映出网页的层级关系,爬取网络数据时,LXML 需要了解基于树形结构的 XML 图,通过访问根元素、节点元素的方式,按照层级关系逻辑访问数据。

树形结构的节点属性描述如图 4-3 所示。

序号	表达式	描述
1	nodename	选取此节点的所有子节点
2	/	从根节点选择
3	//	从匹配选择的当前节点选择文档中的节点，而不考虑它们的位置
4	.	选取当前节点
5	..	选取当前节点的父节点
6	/text()	获取当前路径下的文本内容
7	/@xxx	提取当前路径下标签的属性值
8	|可选符	可选取若干个路径//p|/div，在当前路径下选取所有符合条件的p标签和div标签

图 4-3　XML 节点属性

在运用该库之前,依然要完成对解析库 LXML 的安装。

安装方式:pip install LXML

安装好解析库 LXML 后,按照层级关系,逐层访问并解析数据。

4.2.2　BeautifulSoup 解析库

BeautifulSoup:可以从 HTML 或者 XML 文件中提取数据的 Python 模块库。该库也是第三方解析库,需要安装才能使用。

安装命令:pip install bs4

安装成功的 bs4,可通过 dos 环境进入 Python 环境,进入 Python 环境后,输入 import bs4,若无报错,表明安装成功。

需要说明的是,BeautifulSoup 解析数据时,需要有解析器,其解析器有标准库中自带的解析器,也有第三方的解析器,不单独安装第三方解析器时,Python 会默认自带的解析器,其默认的解释器标准库,使用规则为'html.parser'。另外,第三方解析器用得比较多的是 lxml HTML 解析器,使用规则为'lxml',用法为:

bs＝BeautifulSoup(html,'html.parser')

BeautifulSoup 提取数据的常用方法是 find( ),或者 find_all( ),其用来提取标签和属性数据。find( )提取的是满足要求的首个数据,find_all( )提取的是满足要求的所有标签或者属性数据。

用法规则为:变量名.find('div',classss＝'')

4.2.3　requests-html 解析库

requests-html 库是由编写 requests 库的网红程序员 Kenneth Reitz 在 requests 的基础上加上了对 html 内容的解析的模块库。

在学爬虫程序的时候用得最多的请求库就是 requests 与 urllib,但是这些库只提供如何去目标站点发送请求,获取相应数据后,还需要再利用 bs4 或 xpath 解析库才能提取我们需要的数据。

用 requests-html 来解析内容,该库是一个高度封装的库,不用再导入解析器解析内容,解析环节内置在 requests-html 库中,操作和代码规则更简洁,请求返回内容的编码格式转换都会在该库中统一完成,完全可以让代码逻辑简单直接,更专注于解析工作本身。

requests-html 和其他 HTML 解析库最大的不同点在于 HTML 解析库一般都是专用

的,需要用另一个 HTTP 库先把网页下载下来,然后传给那些 HTML 解析库。而 requests-html 自带了这个功能,所以在爬取网页等方面非常方便。

4.3　爬虫实战

4.3.1　案例一:爬取淘宝页首页链接标签数据 ├─────────────────

首先,获取网页代码数。

```
import requests
from bs4 import BeautifulSoup
url = ′https://www.taobao.com/′        #统一资源定位器
headers = ｛′User-Agent′:′Mozilla/5.0（Windows NT 10.0；Win64；x64）AppleWebKit/
537.36（KHTML，like Gecko）Chrome/90.0.4430.212 Safari/537.36′｝        #用来模拟浏览
器行为的 HTTP 头部
resp = requests.get（url,headers = headers）    #获取定位和头部
print（resp.text）
```

此段代码,系统响应到的是 HTML 语言的数据,下面将用 BeautifulSoup 解析数据

```
bs = BeautifulSoup（resp.text,′html.parser′）    #启动解析器
A = bs.find_all（′a′）
print（len（A））
forb in A：
    url = b.get（′href′）
print（url）
```

输出结果见图 4-4。

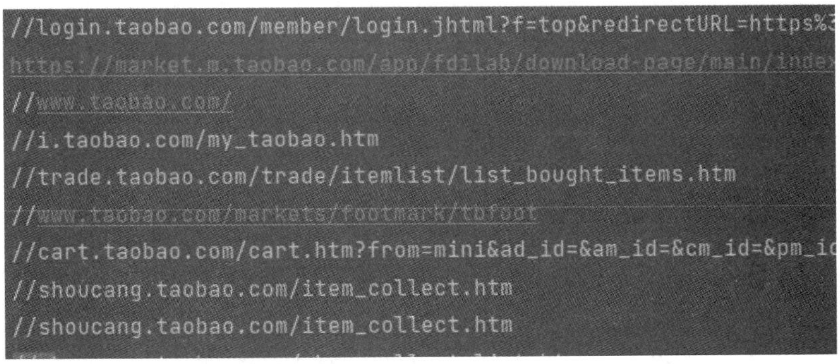

图 4-4　爬取淘宝网连接网址

图 4-4 收集到的网址有相对路径的网址,也有空的网址,想要去掉这些网址,我们可以通过一个 for 循环遍历掉这些信息,遍历代码如下:

```
if url = = None：
    continue
```

```
if url.startswith('http') or url.startswith('https'):
    print(url)
```

代码运行后就可以得到淘宝网首页的链接网址(见图4-5)。

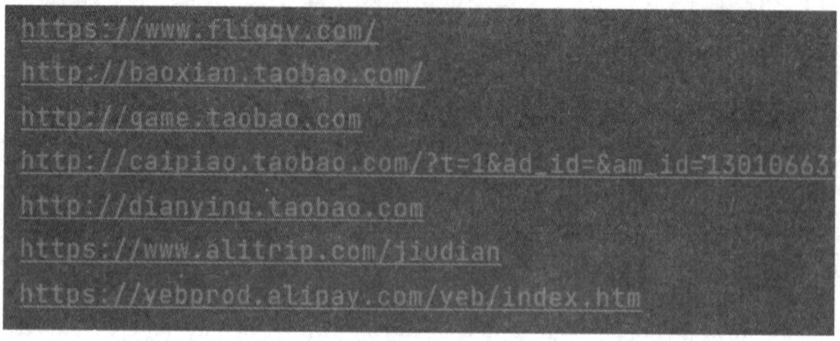

图4-5　爬取淘宝网链接有效网址

点击链接,便可进入链接对应的内容。

4.3.2　案例二:爬取百度热榜数据

```
from requests_html import HTMLSession session = HTMLSession()
r = session.get('https://www.baidu.com')
print(r.html.absolute_links)
print(r.html.links)
```

获取网页

```
print(r.html.html)
```

爬取内容

```
from requests_html import HTMLSession

session = HTMLSession()

r = session.get('https://www.baidu.com/s? ie=utf-8&f=3&rsv_bp=1&rsv_idx=1&tn=baidu&wd=阿里巴巴/text/')

print(r.html.find('div', first=True).text)
```

运行结果见图4-6。

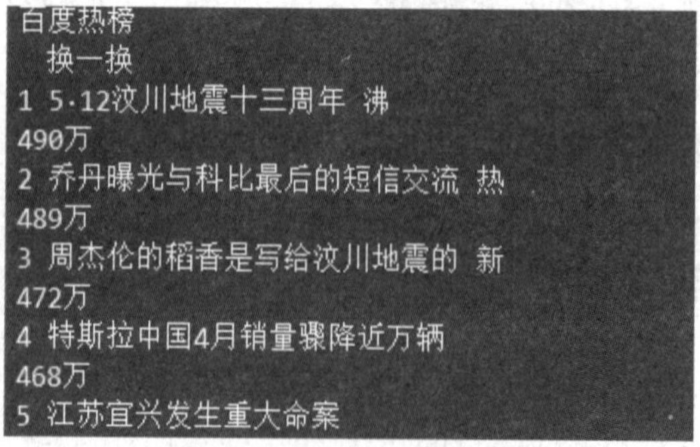

图4-6　爬取百度首页热榜数据

4.3.3 案例三:爬取谷歌网页起点小说网的相关数据

在爬取数据前,用户需要在谷歌浏览器上安装一个 xpathhelper 的插件。

下载 xpathhelper 压缩文件并将其解压。打开谷歌浏览器,选择设置—扩展程序,点开扩展程序后,打开开发者模式,将 xpathhelper 加载到已解压的扩展程序,如图 4-7 所示。

图 4-7　安装 xpathhelper 插件

这样,就可在扩展程序中匹配需要的信息了。

在编写解析文本数据的代码前,用户需要找到 xpath 设置下的信息的路径。打开谷歌浏览器起点小说网对应的源代码,找到信息对应的路径,如寻找月票排行榜中有关书名和作者的信息。该信息的网页源代码对应的代码如图 4-8 所示。

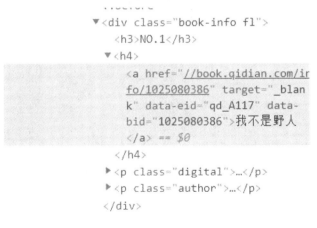

图 4-8　网页源代码

通过图 4-8 发现,该代码信息树状结构关系为 div-h4-a,依据节点表达规则,在 xpath 设置下,其代码路径为:

//div[@class="book-info-fl"]/h4/a/text()　　#书名文本信息的路径

//p[@class="author"]/a/text()　　　# 作者文本信息的路径

在此基础上,下面编写爬虫起点小说网起点月票榜作者和书名的信息代码为:

import requests

```
from lxml import etree
url = 'https://www.qidian.com/'
headers = {'User - Agent': 'Mozilla/5.0 (Windows NT 10.0; Win64; x64)
AppleWebKit/537.36 (KHTML, like Gecko) Chrome/90.0.4430.212 Safari/537.36'}
resp = requests.get(url, headers = headers)
resp.encoding = 'utf-8'
e = etree.HTML(resp.text)#解析器
names = e.xpath('//div[@class = "book-info fl"]/h4/a/text()')
aus = e.xpath('//p[@class = "author"]/a/text()')
#print(names)
#print(aus)
for name, author in zip(names, aus):
    print(name, ":", author)
```

运行结果见图4-9。

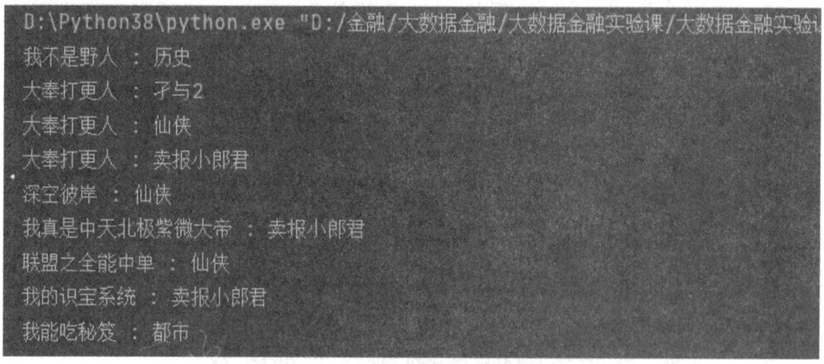

图4-9　爬取起点小说网数据

作业

1. 安装解析库 BeautifulSoup。

2. 爬取京东网页某款鞋子评论的颜色和尺码的数据。

(1)爬取京东网页 HTML 格式数据;

(2)对 HTML 数据解析。

3. 爬取下厨房网站本周最受欢迎菜单相关数据,并存入到 Excel 文件中。

(1)爬取下厨房网页 HTML 格式数据;

(2)对 HTML 数据解析。

5

数据可视化

当前,可视化分析越来越重要,可以起到"观物至知"的作用,能让决策者从复杂、海量、多维数据中快速观察到有效信息。尤其随着现代科技的发展,将真实物理世界映射成 3D 呈现的元宇宙,呈现的就是系统、动态、完全映射的可视化世界。本章将介绍 Python 的基础可视化分析库 Matplotlib。

5.1　绘图环境

Matplotlib 在 Jupyter Notebook 环境中运行效率较高。Jupyter Notebook 是一个共享性文档,能够更直观容易地将文本、数学方程、代码、可视化内容组合起来的一种 Web 应用。其功能包括数据清理、数据搜索、数据可视化、机器学习、大数据分析。Notebook 可以内嵌 matplotlib 绘图,提供 LaTeX 和 MarkDown 的支持。

安装了 Anaconda 后,目录下会出现 Jupyter Notebook。

打开 Jupyter Notebook 后,会出现交互界面,如图 5-1 所示。

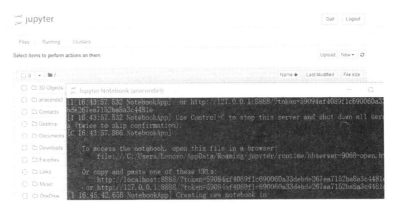

图 5-1　启动 Jupyter Notebook 环境

在 new 下拉菜单中选择 Python3,就会新建一个代码交互的界面,如图 5-2 所示。

图 5-2　网络运行 Python 环境窗口

用户可以在交互界面中编写和运行代码,也可以在该界面中设置显示图像的方式,设置代码如下:

% matplotlib inline #嵌入图像显示

% config InlineBackend.figure_format = " retina"　#设置为呈现分辨率较高的图像。/

5.2　Matplotlib 简介

Matplotlib 是一个二维绘图包,是由 John D.Hunter 在 2003 年编写的数据可视化包。该二维绘图包是一个跨平台的库,用于制作二维图,该二维绘图包的语言是用 Python 中的 NumPy 编写的。该包提供了面向对象的 API,其本质是建立了连接 Matlab 绘图的函数接口库。Matplotlib 是一个非 Python 自带的第三方库,因此,使用前,操作如下:需要先导入到 Python 环境中。

import matplotlib.pyplot as plt　#将 matplotlib 库中的 pyplot 导入并命名为 plt。

Matplotlib 结构模拟的是绘画场景,由画板、画布、子图、图标信息四部分组成。Matplotlib 的优势是方便快捷。该库中包含多个子模块,其中 pyplot 在金融分析中应用广泛,大部分绘图功能均是在其中实现。Pyplot 模块中内置很多函数,其内置函数的功能也是按照板(canvas)、画布(figure)、子图(axes)、图标信息的结构关系和功能实现展开。

5.2.1　基本函数(canvas)

Matplotlib 通过子模块 pyplot,提供了类似 matlab 的接口命令,其内部有很多设置绘图效果的函数,包括绘制子图大小,绘图元素等,用户在使用 Matplotlib 时,只需要调用这些内置函数,就能快捷地实现绘图。绘图效果的函数见表 5-1。

表 5-1　绘图内置函数

结构	函数	函数作用	函数内部参数解释
画布	figsize	定义画布 规格及属性	figsize(a,b):定义画布宽度为 a 英寸,高度为 b 英寸(1 英寸 = 2.54 厘米); dpi:分辨率;facecolor:设置背景颜色; edgecolor:边框颜色; rameon:是否显示边框,frameon = True,显示边框

表5-1(续)

结构	函数	函数作用	函数内部参数解释
子图	title	标题属性	设定标题的颜色、名称、大小、字体等参数
	axis	坐标轴	设定坐标大小、刻度、数据显示等
	xticks yticks	x 轴刻度 y 轴刻度	ticks:刻度列表;labels:刻度标签
	xlabel ylabel	x、y 轴 坐标标签	fontsize:标签字体大小; rotation:标签倾斜角度
	xim ylim	x、y 轴刻度范围 大小	x(y)min:设置 x(y)轴最小值 x(y)max:设置 x(y)轴最大值
	legend	图例设置	loc=a,a 代表图例的具体位置,0 代表自动匹配最佳位置,1 代表右上方,2 代表左上方,3 代表左下方,4 代表右下方,以此类推
	grid	网格线设置	Axis=x(y):x(y)轴显示网格线; Color=网格线颜色设置; Linestyle:网格线样式设置; Linesidth:网格线宽度设置

5.2.2 绘制图

现使用 Matplotlib 绘制一个简单的二维图。

【例 5-1】生成一组数据,并绘制 y=x * *2 的图。

```
import numpy as np
import matplotlib.pyplot as plt
x=np.linspace(-3,3,30)
y=x * *2
plt.plot(x,y)
plt.show()
```

运行结果见图 5-3。

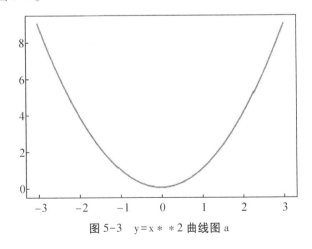

图 5-3　y=x * *2 曲线图 a

```
import numpy as np
import matplotlib.pyplot as plb
```

```
x=np.linspace(-3,3,30)
y=x**2
Plb.tytle('y=x**2')
plb.plot(x,y,"r1")
plb.show()
```

运行结果见图5-4。

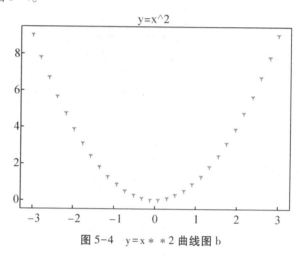

图5-4　y=x**2曲线图b

5.2.3　绘制多个图

【例5-2】生成一组数据x,在同一画布绘制x数据对应的正弦线、余弦线、负的正弦线。

```
import numpy as np
import pylab as plb
x=np.linspace(-3,3,30)
plb.plot(x,np.sin(x))
plb.plot(x,np.cos(x),"r1")
plb.plot(x,-np.sin(x))
plb.show()
```

运行结果见图5-5。

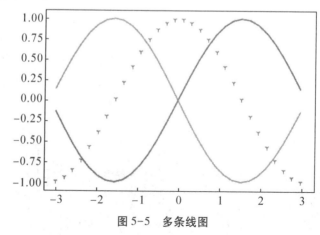

图5-5　多条线图

5.2.4 编辑与美工

【例5-3】绘制一个角度线图,以弧度为单位,与正弦线相对应。

```
import numpy as np
import math
%matplotlib inline    #绘制图形显示在 jupyter 当中,不是在其他单独界面显示图形。
# 生成数据
#显示数据
S1
array([0.    , 0.05, 0.1 , 0.15, 0.2 , 0.25, 0.3 , 0.35, 0.4 , 0.45, 0.5 ,
       0.55, 0.6 , 0.65, 0.7 , 0.75, 0.8 , 0.85, 0.9 , 0.95, 1.    , 1.05,
       1.1 , 1.15, 1.2 , 1.25, 1.3 , 1.35, 1.4 , 1.45, 1.5 , 1.55, 1.6 ,
       1.65, 1.7 , 1.75, 1.8 , 1.85, 1.9 , 1.95, 2.    , 2.05, 2.1 , 2.15,
       2.2 , 2.25, 2.3 , 2.35, 2.4 , 2.45, 2.5 , 2.55, 2.6 , 2.65, 2.7 ,
       2.75, 2.8 , 2.85, 2.9 , 2.95, 3.    , 3.05, 3.1 , 3.15, 3.2 , 3.25,
       3.3 , 3.35, 3.4 , 3.45, 3.5 , 3.55, 3.6 , 3.65, 3.7 , 3.75, 3.8 ,
       3.85, 3.9 , 3.95, 4.    , 4.05, 4.1 , 4.15, 4.2 , 4.25, 4.3 , 4.35,
       4.4 , 4.45, 4.5 , 4.55, 4.6 , 4.65, 4.7 , 4.75, 4.8 , 4.85, 4.9 ,
       4.95, 5.    , 5.05, 5.1 , 5.15, 5.2 , 5.25, 5.3 , 5.35, 5.4 , 5.45,
       5.5 , 5.55, 5.6 , 5.65, 5.7 , 5.75, 5.8 , 5.85, 5.9 , 5.95, 6.    ,
       6.05, 6.1 , 6.15, 6.2 , 6.25])
#   生成图形
plb.plot(s1,s2)
```

运行结果见图5-6。

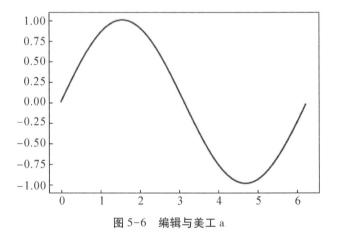

图 5-6　编辑与美工 a

```
#编辑,美工
plt.plot(s1,s2)
plt.title('sin wave')
plt.xlabel("angl",color="r")
```

plt.ylabel("sin value",color="b")

运行结果见图5-7。

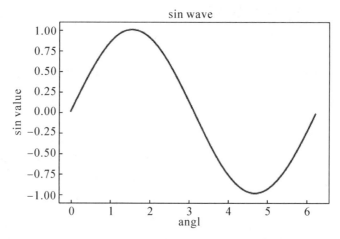

图 5-7　编辑与美工 b

plt.rcParams['font.size']=30　#设置整体参数字体大小

plt.plot(s1,s2)

plt.title('sin wave')

plt.xlabel("angl",color="r")

plt.ylabel("sin value",color="b")

运行结果见图5-8。

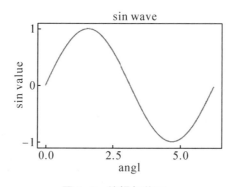

图 5-8　编辑与美工 c

当标题或者坐标轴名称是英文字体时,用户可按照参数设置能实现对内部各个参数的调整,进而绘制出想要的图形。然而,当要求更改的字体是中文字体时,Python 环境无法自动识别,如延续上面的例子,将参数改为:

plt.rcParams['font.size']=30　#设置整体参数字体大小

plt.plot(s1,s2)

plt.title('正弦线')

plt.xlabel("angl",color="r")

plt.ylabel("sin value",color="b")

运行结果见图5-9。

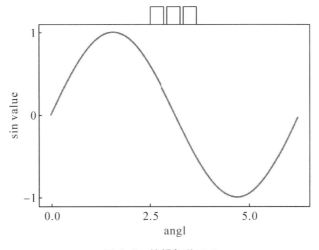

图 5-9　编辑与美工 d

图 5-9"正弦线"中文字体无法识别,原因是 pyplot 不支持中文字符显示,用户如果想在标题中显示中文字体,就需要通过参数格式调整命令 font.sans-serif 来调整字体参数。需要注意的是,更改了字体参数命令后,会引起其他参数可能发生变化,比如,会引起坐标轴中的负号无法显示,需要对决定负号的参数一并修改,代码如下:

```
plt.rcParams['font.size'] = 30    #设置整体参数字体大小
plt.plot(s1,s2)
plt.rcParams['font.sans-serif'] = 'SimHei'    # 设置字体为 SimHei
plt.rcParams['axes.unicode_minus'] = False    # 解决负号"-"显示异常
plt.title('正弦线')
plt.xlabel("angl",color="r")
plt.ylabel("sin value",color="b")
```

运行结果见图 5-10。

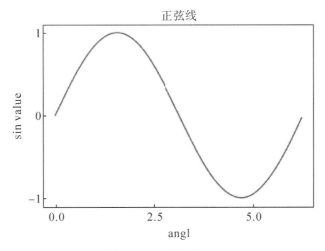

图 5-10　编辑与美工 e

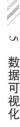

5　数据可视化

5.3 Matplotlib 进阶

5.3.1 创建画布与区域

matplotlib 中面向对象的绘图模块 matplotlib.axes.Axes 类中有大量函数,可以创建图形对象。调用这些对象,可以形成多个绘图画布。该模块包含在 matplotlib 中,是所有 plot 元素的顶级容器模块 figure 中的内置函数 Axes,是具有数据空间的图像区域。给定的图形可以是多维的。figure 对象通过调用 add_axes() 方法,将 Axes 对象添加到图形中,如:

import matplotlib.pyplot as plt

%matplotlib inline

fi = plt.figure( )　　#生成 figure 容器(类似于一张画纸)

ax = fi.add_axes([0,0,1,1])　　#生成可以包含许多轴的图像区域。

print(ax)

#其中 0,0,1,1 分别代表左,底,宽,高。

运行结果见图 5-11。

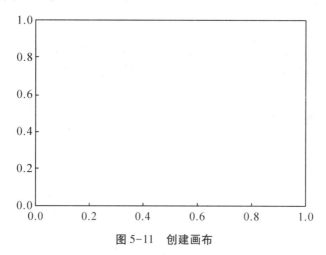

图 5-11　创建画布

【例 5-4】创建一个新画布,并绘制正弦曲线。

import math

import numpy as np

x = np.arange(0, math.pi * 2, 0.05)

y = np.sin(x)

fig = plt.figure( )

ax = fig.add_axes([0,0,1,1])

ax.plot(x,y)

ax.set_title('sin wave')

ax.set_xlabel('angel')

ax.set_ylabel('sin')

plot.show()

运行结果见图5-12。

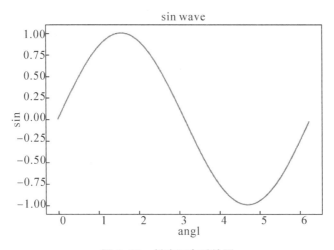

图 5-12 创建画布后绘图

5.3.2 在画布上创建多个子图

用 subplot() 来实现一个画框中多个子图。

【例5-5】多子图例子。

plt.subplot(nrows,ncols,index)

fig = plt.figure(figsize = (12,6))

ax1 = plt.subplot(2,1,1)

ax1.plot(range(12))

ax2 = plt.subplot(2,1,2,facecolor = 'y')

ax2.plot(range(12))

plt.show()

运行结果见图5-13。

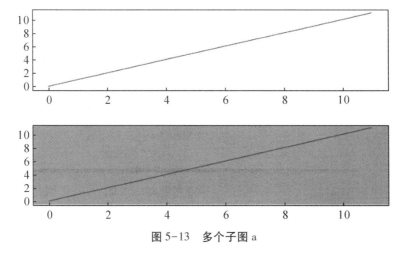

图 5-13 多个子图 a

Subplot( )生成的区域,返回的图形可以是多行多列的对象的元组。

【例5-6】多子图例子。

```
import numpy as np
fig=plt.subplots(2,2)    #生成一个两行两列的画布
```

运行结果见图5-14。

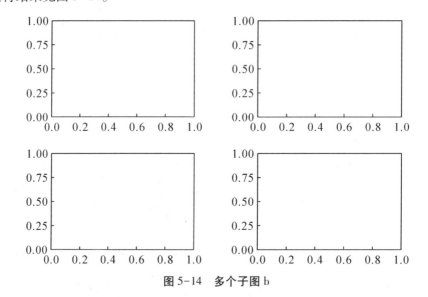

图5-14　多个子图b

```
fig,axList=plt.subplots(2,2)
x=np.arange(1,10)
axList[0][0].plot(x,x*x)
plt.show()
```

运行结果见图5-15。

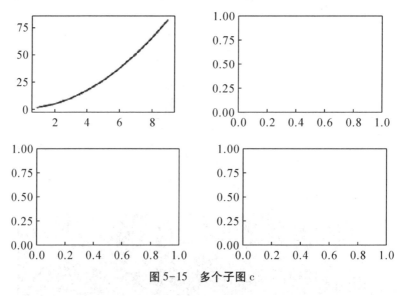

图5-15　多个子图c

```
fig,axList=plt.subplots(2,2)
x=np.arange(1,10)
```

```
axList[0][0].plot(x, x*x)
axList[1][0].plot(x, x)
axList[0][1].plot(x, np.exp(x))
axList[1][1].plot(x, -x)
plt.show()
```

运行结果见图5-16。

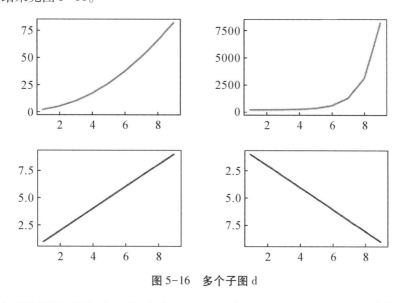

图5-16　多个子图 d

将绘制的图保存到本地:可用命令:fig.savefig(´map1.jpg´,dpi=200)#存储到本地,返回上一级,可以看到生成到本地的jpg格式的图片。

5.4　绘制常用统计图

5.4.1　条形图

条形图绘图命令为:ax.bar( ),横轴x轴地表分类情况,纵轴是分类对应的数据汇总。

【例5-7】依据2021级金融工程专业学生学习语言情况数据,绘制条形图。

```
import numpy as np
import matplotlib.pyplot as plt
%matplotlib inline
fig=plt.figure( )
ax=fig.add_axes([0,0,1,1])
langs=["C","C++","python","Java","PHP"]
students=[22,33,88,43,33]
ax.bar(langs,students,0.5,10,align=´center´,color=´blue´)
```

运行结果见图5-17。

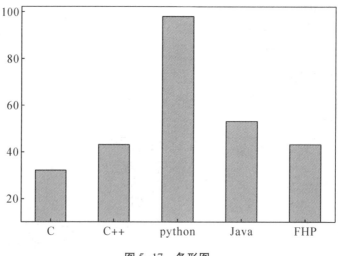

图 5-17　条形图

5.4.2　直方图

直方图形状看起来和条形图接近,但其代表的含义是不一样的,横轴代表的是分类情形,纵轴代表分类对应的概率或者频数,是概率统计图。

直方图命令:ax.hist( )

【例 5-8】绘制 22 级金融工程学生成绩的直方图。

```
fig = plt.figure( )
ax = fig.add_axes([0,0,1,1])
a = np.array([61,61,66,63,63,61,63,45,56,67,67,56,56,78,89,90,99,89,89,45,
67,68,70,75,76,77,68,69,70,70,72,73,77,76,78,75,70,73,71]) ax.hist(a,bins = [1,
25,50,75,100])
plt.show( )
```

运行结果见图 5-18。

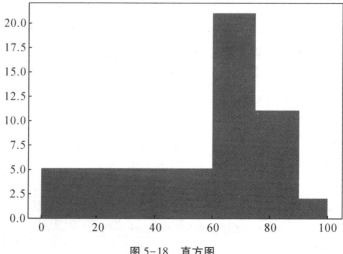

图 5-18　直方图

5.4.3　饼图

饼图命令为 pie()

【例5-9】特别提款权被称为"纸黄金",是国际货币基金组织(IMF)分配给会员国的一种使用资金的权利。目前,特别提款权的价值是由美元、欧元、人民币、英镑、日元等一篮子储备货币所决定,2022年,这5种货币在特别提款权中的比重为43.38%,29.31%,12.28%,7.59%,7.44%。请画出特别提款权饼图。

```
cur = ['美元','欧元','人民币','英镑','日元']
perc = [43.38,29.31,12.28,7.59,7.44]
p lt.pie(x = perc,labels = cur)
plt.axis('equal')
plt.legend(loc = 1,fontsize = 10)
plt.title('特别提款权中不同币种的占比',fontsize = 13)
```

运行结果见图5-19。

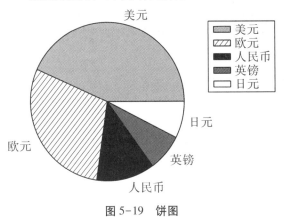

图 5-19　饼图

5.4.4　时序图

时序图是金融分析常用图形,要依据数据在时间上的状态建模和分析。

【例5-10】生成一组时序数据,并绘制时序图。

```
import pandas as pd
ts = pd.Series(np.random.randn(1000),index = pd.date_range('1/1/2020',periods = 1000))
ts = ts.cumsum()
ts.plot()
plot.show()
```

运行结果见图5-20。

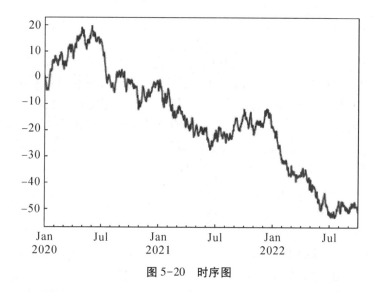

图 5-20　时序图

5.4.5　网格图

网格图是形状如网络的图形,是多关联数据图,能反映出更复杂的数据关系。

【例 5-11】生成数据,并依据数据生成关系规则,绘制网格图。

```
import networkx as nx
import matplotlib.pyplot as plt
gnet = nx.random_geometric_graph(200,0.125)
pos = nx.get_node_attributes(gnet,'pos')
dmin = 1
ncenter = 0
for n in pos：
    x,y = pos[n]
    d = (x-0.5) * *2+(y-0.5) * *2
    if d<dmin：
        ncenter = n
        dmin = d
p = nx.single_source_shortest_path_length(gnet,ncenter)
plt.figure(figsize = (8,8))
nx.draw_networkx_edges(gnet,pos,nodelist = [ncenter],alpha = 0.4)
nx.draw_networkx_nodes(gnet,pos,nodelist = p.keys(),node_size = 80)
plt.xlim(-0.05,1.05)
plt.ylim(-0.05,1.05)
plt.axis('off')
ptl.show()
```

运行结果见图 5-21。

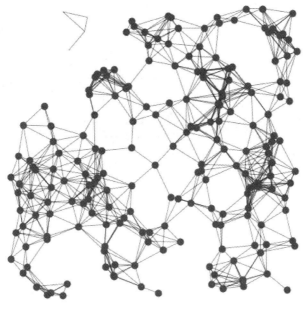

图 5-21　网格图

作业

1. 生成一组数据区间在 0~15,每隔 0.4 距离产生一个数据的序列型数据。

(1)计算 y=-0.8x+7;

(2)绘制 x,y 关系的线图;

(3)给图加上 X 轴签,Y 轴标签,标题。

2. 选择一个企业,对该企业产值数据选择合适的三种以上的图形进行分析和说明。

3. 搜集我国 2023 年第一产业、第二产业、第三产业产值数据,分别绘制成条形图和饼图。

6

NumPy 数据分析库

NumPy 库是"Numerical Python"的缩写,早期由 Jim Hugugin 团队开发。2005 年,Travis 等在 Numeric 中结合前期开发,拓展生成 NumPy 库。该库是 Python 基于科学计算的基础包,其基础数据结构是高维的数组对象,是由数据类型相同的元素组成的数组。

NumPy 是可以用来集成 C、C++和 Fortran 代码的工具,可以实现数据分析,线性代数、傅里叶变化、随机数的运算等功能。NumPy 具有通用数据的多维容器,可以保障是和不同的数据库的集成和对接。

使用 NumPy 库,需要先将该库导入到 Python 环境中。

6.1 NumPy 库数据结构

NumPy 的基础数据结构是数组(array),其中包括一维数组和二维数组,具体结构为:
np.array( ),产生一个一维数组;
np.array([数列 1,数列 2,…,数列 M]),产生一个二维数组。

【例 6-1】投资者按照投资组合,选择一个普票组合池,所选择股票分别为紫金矿业、北方铜业、中科曙光、光迅科技,按照一定投资比例增持股票,用 NumPy 生成权重数组为:
Wei = np.araay([0.2,0.34,0.16,0.3])

该数组为一维数组。

【例 6-2】三只股票收益数据为 stockp = np.array([[0.0039,0.0023, -0.0012,0.0012],[-0.0012,0.0012, -0.0009,0.0023],[0.0034, -0.0023,0.0045, -0.0015][0.0025, -0.0012,0.0011,0.005]])

该数组是一个二维数组。

6.2 NumPy 数组

6.2.1 数组简介

NumPy 呈现的是以数组为单位的数据,当进行数组间的叠加和运算时,运用该库能提高工作效率。

【例 6-3】生成两个一维数组,并求两个数组数据之和。

代码如下:

```
import numpy as ny
s1 = [1,2,3,4,5]
s2 = ny.array([1,2,3,4,5])
print(s1)
print(s2)
print(type(s1))
print(type(s2))
```

输出结果中,第一个变量为列表型,第二个变量为数组形式。

```
[1, 2, 3, 4, 5]
[1 2 3 4 5]
<class ´list´>
<class ´numpy.ndarray´>
print(s1+s1)
```

输出结果是:

```
[1, 2, 3, 4, 5, 1, 2, 3, 4, 5]
```

是列表的叠加。

```
print(s2+s2)
```

输出结果是

```
[ 2  4  6  8 10]
```

功能是数组的运算。

注意,数组内的数据必须为相同类型的数据。

6.2.2 创建数组的几种方法

(1)ny.array 创建数组。

【例 6-4】运用 ny.array 创建一维数组。

代码如下:

```
a = ny.array([1,2,3,4,5,6])   #一维数组
b = ny.array([[1,2],[3,4],[5,6]])   #三维数组
print(a)
```

print(b)

运行结果为：

[1 2 3 4 5 6]

[[1 2]

[3 4]

[5 6]]

（2）ny.arrange()。

ny.arrange()能生成符合规律的某个区间的数据。

【例6-5】输出起点为1.5,终点为10.5,步长为0.5的数组。

代码如下：

x＝ny.arange(1.5,10.5,0.5)

print('x＝',x)

运行结果为：

x＝[1.5 2.   2.5 3.   3.5 4.   4.5 5.   5.5 6.   6.5 7.   7.5 8.

8.5 9.   9.5   10.]

当不设置步长时,系统会默认步长为1。

【例6-6】生成步长为1的数组。

代码如下：

y＝ny.arange(4,8)

print('y＝',y)

运行结果为：

y＝[4 5 6 7]

（3）生成随机数。

ny.random() #生成服从标准整体分布的随机数。

【例6-7】输出一个服从标准正态分布的随机数数组。

a1 ＝ ny.random.randn(4)

print('a1',a1)

运行结果为：

a1 [1.11231978 -0.99582809 1.21708096 -0.63420729]

（4）输出二维数组。

ny.reshape()

生成二维数组。

【例6-8】生成一组[0,15]区间的4行4列的二维数组。

代码如下：

a2＝ny.arange(16).reshape(4,4)

print(a2)

运行结果为：

[[0 1 2 3]

[4 5 6 7]

$$\begin{bmatrix} 8 & 9 & 10 & 11 \\ 12 & 13 & 14 & 15 \end{bmatrix}$$

ny.random.randint( ),创建二维随机整数数组。

【例6-9】创建一个数据区间在1-9之间,4行5列的整数随机数组。

代码如下:

a3 = ny.random.randint(1,9,(4,5))

print(a3)

运行结果为:

```
[[8 5 3 5 2]
[3 6 5 4 1]
[1 7 6 8 8]
[1 1 3 5 5]]
```

6.2.3 数组的分隔

用命令 numpy.split( )完成数组的分隔。

【例6-10】将下列数组拆分为三个数组。

代码如下:

inf = np.array([1,2,3,4,5,6,7,8,9])

inf1 = np.split(inf,3)

print(inf1)

数组被切分成三个数组,结果为:

[array([1, 2, 3]), array([4, 5, 6]), array([7, 8, 9])]

上述分隔是一维数组的分隔。对于二维数组的分隔,有行的分隔和列的分隔之分,这需要在已有的二维数组的基础上,通过 NumPy 中的行分隔函数 numpy.hsplit( )与列分隔函数 numpy.vshsplit( )来完成。

【例6-11】创建一个6行6列的数组,再将其按照行和列分隔。

代码如下:

import numpy as np

arr1 = np.ones(shape = (6,6))   #创建一个6行6列元素为1的数据

print(arr1)

构造了一个元素为1的六维矩阵,结果为:

```
[[1. 1. 1. 1. 1. 1.]
[1. 1. 1. 1. 1. 1.]
[1. 1. 1. 1. 1. 1.]
[1. 1. 1. 1. 1. 1.]
[1. 1. 1. 1. 1. 1.]
[1. 1. 1. 1. 1. 1.]]
```

现在完成该矩阵的行拆分和列拆分。

arr2 = np.vsplit(arr1,2)

arr3 = np.hsplit(arr1,2)

print("arr2 = ",arr2)

print("arr3 = ",arr3)

运行结果为:

arr2 = [array([[1., 1., 1., 1., 1., 1.],

　　[1., 1., 1., 1., 1., 1.],

　　[1., 1., 1., 1., 1., 1.]]), array([[1., 1., 1., 1., 1., 1.],

　　[1., 1., 1., 1., 1., 1.],

　　[1., 1., 1., 1., 1., 1.]])]

arr3 = [array([[1., 1., 1.],

　　[1., 1., 1.],

　　[1., 1., 1.],

　　[1., 1., 1.],

　　[1., 1., 1.],

　　[1., 1., 1.]]), array([[1., 1., 1.],

　　[1., 1., 1.],

　　[1., 1., 1.],

　　[1., 1., 1.],

　　[1., 1., 1.],

　　[1., 1., 1.]])]

6.2.4　数组的连接

数组连接分为水平连接和垂直连接,是将不同的数据合并。

e = np.hstack( ):水平连接,要求行数相同。

f = np.vstack( ):垂直连接,要求列数相同。

【例6-12】生成数组,并完成数组连接。

代码如下:

c = np.array([[1,2],[3,4]])

d = np.array([[5,6],[7,8]])

e = np.hstack((c,d))

f = np.vstack((c,d))

print("e = ",e)

print("f = ",f)

运行结果为:

e = [[1 2 5 6]

[3 4 7 8]]

f = [[1 2]

[3 4]

[5 6]

[7 8]]

6.2.5 数组运算

数组的基本运算主要包括数据的加、减、乘、除以及一些常规的代数运算。

【例6-13】运用 ny.array 创建二维数组,并进行代数运算。

代码如下:

```
import numpy as np
c=np.array([[1,2],[3,4]])
d=np.array([[5,6],[7,8]])      #定义二维数组 c 和 d
print(c)
print(d)
```

运行结果为:

```
c=[[1 2]
 [3 4]]
d=[[5 6]
 [7 8]]
cd1=c+d
cd2=c-d
cd3=c*d
cd4=c/d
cd5=c**2
cd6=np.sqrt(c)
cd7=np.abs([1,-4,-99])
cd8=np.cos(c)
cd9=np.sin(c)
cd10=np.exp(c)
print("cd1=",cd1)
print("cd2=",cd2)
print("cd3=",cd3)
print("cd4=",cd4)
print("cd5=",cd5)
print("cd6=",cd6)
print("cd7=",cd7)
print("cd8=",cd8)
print("cd9=",cd9)
print("cd10=",cd10)
```

运行结果为:

```
cd1=[[ 6  8]
    [10 12]]
cd2=[[-4 -4]
```

$$\begin{bmatrix} -4 & -4 \end{bmatrix}]$$

cd3 = $\begin{bmatrix} \begin{bmatrix} 5 & 12 \end{bmatrix} \\ \begin{bmatrix} 21 & 32 \end{bmatrix} \end{bmatrix}$

cd4 = $\begin{bmatrix} \begin{bmatrix} 0.2 & 0.33333333 \end{bmatrix} \\ \begin{bmatrix} 0.42857143 & 0.5 \end{bmatrix} \end{bmatrix}$

cd5 = $\begin{bmatrix} \begin{bmatrix} 1 & 4 \end{bmatrix} \\ \begin{bmatrix} 9 & 16 \end{bmatrix} \end{bmatrix}$

cd6 = $\begin{bmatrix} \begin{bmatrix} 1. & 1.41421356 \end{bmatrix} \\ \begin{bmatrix} 1.73205081 & 2. \end{bmatrix} \end{bmatrix}$

cd7 = $\begin{bmatrix} 1 & 4 & 99 \end{bmatrix}$

cd8 = $\begin{bmatrix} \begin{bmatrix} 0.54030231 & -0.41614684 \end{bmatrix} \\ \begin{bmatrix} -0.9899925 & -0.65364362 \end{bmatrix} \end{bmatrix}$

cd9 = $\begin{bmatrix} \begin{bmatrix} 0.84147098 & 0.90929743 \end{bmatrix} \\ \begin{bmatrix} 0.14112001 & -0.7568025 \end{bmatrix} \end{bmatrix}$

cd10 = $\begin{bmatrix} \begin{bmatrix} 2.71828183 & 7.3890561 \end{bmatrix} \\ \begin{bmatrix} 20.08553692 & 54.59815003 \end{bmatrix} \end{bmatrix}$

6.2.6 数组切片

访问数组中特定行特定列的数据,需要对行或者列进行控制。访问数据或者切片数据用命令 data[行条件,列条件]。

【例6-14】按要求访问数组 Data 中的数据。

代码如下:

Data = np.array([[11,12,13,14],[5,6,7,8],[19,10,11,12],[13,14,15,16]])   #定义数组 Data

#访问 Data 中行为 1,列为 2 的数据,注意下标是从 0 开始的。

D12 = D[1,2]

#访问 D 中第 1、3 列数据

D1 = D[:,[1,3]]

访问 D 中第 1、3 行数据

D2 = D[[1,3],:]

取 D 中满足第 0 列大于 5 的所有列数据,本质上行控制为逻辑列表

Dt1 = D[D[:,0]>5,:]

#取 D 中满足第 0 列大于 5 的 2、3 列数据,本质上行控制为逻辑列表

#Dt2 = D[D[:,0]>5,[2,3]]

TF = [True,False,False,True]

#取 D 中第 0、3 行的所有列数据,本质上行控制为逻辑列表,取逻辑值为真的行

Dt3 = D[TF,:]

#取 D 中第 0、3 行的 2、3 列数据

#Dt4 = D[TF,[2,3]]

```
# 取 D 中大于 4 的所有元素
D5 = D[D>4]
print(D12)
print(D1)
print(D2)
print(Dt1)
print(Dt3)
print(Dt4)
print(D5)
```
运行结果为：

7

[[12 14]

 [6 8]

 [10 12]

 [14 16]]

[[5 6 7 8]

 [13 14 15 16]]

[[11 12 13 14]

 [19 10 11 12]

 [13 14 15 16]]

[[11 12 13 14]

 [13 14 15 16]]

[13 16]

[11 12 13 14 5 6 7 8 19 10 11 12 13 14 15 16]

6.2.7　数组变换

一维数组与二维数组之间的变换：用 reshape() 命令将一维数组变换为二维数组；用 ravel() 命令将二维数组变换成一维数组。

【例 6-15】将数组：Data = np.array([[11,12,13,14],[5,6,7,8],[19,10,11,12],[13,14,15,16]]) 转换成一维数组。

代码如下：

```
Data2 = Data.ravel()
Print(Data2)
```

运行结果为：

[11 12 13 14 5 6 7 8 19 10 11 12 13 14 15 16]

【例 6-16】将一维数组转换为二维数组。

代码如下：

```
import numpy as np
d1 = np.arange(2,18,0.5)
```

d2 = d1. reshape(4,8)

print(d2)

运行结果为:

```
[[ 2.    2.5  3.    3.5  4.    4.5  5.    5.5]
 [ 6.    6.5  7.    7.5  8.    8.5  9.    9.5]
 [10.   10.5 11.   11.5 12.   12.5 13.   13.5]
 [14.   14.5 15.   15.5 16.   16.5 17.   17.5]]
```

6.3　NumPy 矩阵及运算

6.3.1　NumPy 创建矩阵

使用 mat、matrix 函数创建矩阵。

【例 6-17】使用 mat( ) 函数创建矩阵。

代码如下:

```
m1 = np.mat("2,3,4;3,4,5;5,6,7")
print(m1)
[[2 3 4]
 [3 4 5]
 [5 6 7]]
```

【例 6-18】使用 matrix( ) 函数创建矩阵。

代码如下:

```
m2 = np.matrix([[3,5,6],[5,6,9],[4,8,10]])
print(m2)
[[ 3  5  6]
 [ 5  6  9]
 [ 4  8 10]]
```

6.3.2　NumPy 矩阵运算

NumPy 矩阵运算命令如下:

.T( )　# 矩阵的转置

.H( )　#矩阵的共轭转置

.I( )　#矩阵的逆矩阵

【例 6-19】求解上面两个矩阵的转置矩阵和逆矩阵,求矩阵的和,矩阵的差,矩阵的积。

代码如下:

```
m1t = m1. T
m1h = m1. H
```

```
m1i = m1. I
m12 = m1+m2
m13 = m1−m2
m14 = m1 * m2
m15 = np.multiply(m1,m2)
print(m1t)
print(m1t)
print(m1t)
print(m12)
print(m13)
print(m14)
print(m15)
```

运行结果为:

```
[[2 3 5]
 [3 4 6]
 [4 5 7]]
[[2 3 5]
 [3 4 6]
 [4 5 7]]
[[2 3 5]
 [3 4 6]
 [4 5 7]]
[[ 5  8 10]
 [ 8 10 14]
 [ 9 14 17]]
[[−1 −2 −2]
 [−2 −2 −4]
 [ 1 −2 −3]]
[[ 37  60  79]
 [ 49  79 104]
 [ 73 117 154]]
[[ 6 15 24]
 [15 24 45]
 [20 48 70]]
```

6.3.3　NumPy 的子模块 linalg

Linalg 模块是一个专门用于线性代数运算的工具包,其包里有矩阵的行列式计算、矩阵的逆、特征值分解、奇异值分解等。

在调用该模块时,需要执行以下操作代码:

```
import numpy.linalg as nl
```
导入后,就可以进行矩阵的代数运算。
```
nl.det( )   #求矩阵的行列式
nl.inv( )    #求矩阵的逆
nl.eig( )     #矩阵的特征分解
nl.svd( )     #奇异值分解
nl.solve( )     #线性方程求解
```
【例 6-20】生成矩阵,并计算其逆矩阵,求矩阵的行列式。

代码如下:
```
mat1 = np.matrix[[3,6,9],[2,8,4],[4,6,9]]
invm = nl.inv(mat1)   #求解逆矩阵
detm = nl.det(mat1)   #求解行列式
print(invm)
print(detm)
```
运行结果为:
```
[[-1.             0.             1.            ]
 [ 0.04166667    0.1875        -0.125        ]
 [ 0.41666667   -0.125         -0.25         ]]
-47.999999999999986
```
【例 6-21】已知 A1 矩阵为:
```
A1 = np.matrix[[3,6,9],[2,8,4],[4,6,9]]
```
b 向量为:[11,6,8]求解 :Ax = b 的解。

求解过程为:
```
A1 = np.matrix[[3,6,9],[2,8,4],[4,6,9]]
b = np.array([11,6,8])
x = nl.solve(A1,b)
print(x)
```
求解得到 x 为:
```
[-3 . 0.58333333 1.83333333]
```
【例 6-22】已知矩阵 A 为:
```
[[ 1   4   2]
 [ 1   3   7]
 [ 2   8  11]]
```
求解矩阵 A 的特征值和对应的特征向量。

求解过程如下:
```
A = np.matrix([[1, 4, 2], [1, 3, 7], [2,8, 11]])
A_value, A_vector = nl.eig(A)
print(A_value )
print( A_vector )
```

运行结果为：

特征值：[16. 03307697   0. 32215659 −1. 35523356]

特征向量：

[[−0. 23880609 −0. 9882102   0. 77399615]

 [−0. 47363356   0. 11978911 −0. 58127896]

 [−0. 84772808   0. 09534768   0. 25108707]]

6.4   随机数的生成

在金融数值模拟分析过程中,按照数据和模型要求,产生大量随机数以及按照一定算法规则的随机序列;在模拟仿真过程中,依据模型建模要求,生成符合规则的随机数。随机数在金融建模和金融问题模拟仿真过程中,有重要作用。NumPy 库中有大量生成个随机数的函数,下面介绍 NumPy 产生随机数的方法。

6.4.1   生成随机数

生成没有分布要求的随机数,可通过下列函数实现:

Numpy.random():产生任意随机数

np.random.randint():生成指定区间内的整数

np.random.random_sample():生成指定(0,1)区间的浮点型数据。

【例6-23】产生在一定范围内的二维数组和一维随机整数。

代码如下:

```
import numpy as np
ran = np.random.random_integers(low = 3, high = 50, size = (3,2))
print(ran)
```

产生服从条件的随机数为:

[[16 14]

 [29 13]

 [7 19]]

```
import numpy as np
ran = np.random.random_integers(low = 3, high = 50, size = 10)
print(ran)
```

产生的随机整数为:

[14 37 43 18 26 47 27 36   5 47]

生成指定规模的任意随机数

```
ran1 = np.random.randint(low = 0, high = 99, size = 20)
print(ran1)
```

生成满足条件的随机数为:

[2 15 12 67 55 91 90 69   2 74 92 14 19   8 78 77 83   5 53 94]

生成(0,1)区间内的随机浮点数。

ran2 = np.random.random_sample(10)

print(ran2)

生成的随机数为:

[0.87360612 0.52098501 0.53919874 0.40625409 0.32588787 0.14452804
0.27567942 0.3024052 0.0472121 0.75823274]

6.4.2 生成服从正态分布的随机数

在金融领域的建模分析中,正态分布应用广泛,如风险度量 VAR 模型中,假定残差服从正态分布。资本资产定价、期权定价、投资组合优化模型中,均假定扰动因素服从正态分布。模拟检验模型效果时,要生成正态分布的随机数,现介绍生成正态分布随机数的方法。正态分布随机数的生成函数为:

numpy.random(loc,scale,size=):产生服从正态分布的数据,其中 loc 为均值,scale 为标准差,size 为抽样个数。

Numpy.lognormal(mean,sigma,size):生成对数服从正态分布的随机数,其中 mean 为均值,sigma 为标准差,size 为抽样个数。

【例 6-24】抽取 10 000 个服从标准正态分布的样本数据。

代码如下:

```
import numpy as np
import numpy.random as npr
xnorm = npr.normal(loc = 0, scale = 1, size = 10000)
```

其中 loc 为均值,scale 为标准差,size 为抽样个数。

【例 6-25】抽取随机变量的对数服从正态分布的随机数。

代码如下:

```
xlnorm = npr.lognormal(mean = 1, sigma = 2, size = 10000)
print("随机抽取对数正态数据均值为:", xlnorm.mean())
print("随机抽取对数正态数据标准差为:", xlnorm.std())
```

运行结果为:

随机抽取对数正态数据均值为:20.419386595270225

随机抽取对数正态数据标准差为:101.62211478999674

【例 6-26】生成服从正态分布的随机数。

代码如下:

```
nran = np.random.normal(loc = 1, scale = 2, size = 10) #loc 为均值,scale 为标准差,size
为样本规模
print(nran)
```

生成服从条件的随机数为:

[8.09080329 0.71111717 -1.19697064 -0.7385417 2.93568754 -2.35307576
-1.91435013 1.45076766 -1.4970601 3.04727811]

6.4.3 生成服从卡方分布的随机数

卡方分布是多个独立同分布的正态分布的总和,多个标准正态分布数据的平方和服从卡方分布。因此,在金融问题分析中,当构建多个个体组合形成整体的模型时,卡方分布是合适的。大量检验统计量和推断分析中,均构造的是服从卡方分布的统计量。卡方分布的生成函数为:

Numpy.random.chisuare(df,size):生成服从卡方分布的随机数,df 为自由度,size 为样本容量。

【例 6-27】随机抽取自由度为 3 的 10 000 个卡方分布的随机数。

代码如下:

```
xchi = npr.chisquare(df = 3, size = 10000)
print("自由度为 3 的卡方分布数据均值为:", xchi.mean())
print("自由度为 3 的卡方分布数据标准差为:", xchi.std())
```

运行结果为:

自由度为 3 的卡方分布数据均值为:3.0052946682778927

自由度为 3 的卡方分布数据标准差为:2.4532035726533814

6.4.4 生成服从 t 分布的随机数

大量金融现象均具有非对称的厚尾效应,当刻画金融厚尾现象时,t 分布是较为简洁的处理方法之一。在资本资产定价、期权定价、风控等问题的进一步分析中,刻画厚尾特征,往往假定随机扰动数据服从 t 分布。很多检验统计量的也是构造服从 t 分布的检验统计量。t 分布的随机数产生函数为:

numpy.random.standard_t(df,),df 为自由度,size 为样本容量。

【例 6-28】随机抽取自由度为 5 的 t 分布的 10 000 个随机数。

代码如下:

```
xnt = npr.standard_t(df = 5, size = 100000)
print("随机抽取 t 分布数据均值为:", xnt.mean())
print("随机抽取 t 分布数据标准差为:", xnt.std())
```

运行结果为:

随机抽取 t 分布数据均值为:0.007346293455107763

随机抽取 t 分布数据标准差为:1.2946969716831649

6.4.5 生成服从 F 分布的随机数

F 分布是联合分布,两个服从卡方分布的系统之间联合起来,可以构造 F 分布。其通过两个系统之间的对比,形成对于两个系统数据的分析,从而提供决策依据支持。例如在金融问题中,对比两个系统差异的方差分析中,构造的是 F 检验;再比如对于面板数据,判定数据是否有随机效应时,构造的是 F 检验。在大量金融计量的模型检验中,均需要构造基于 F 统计量的检验方法。F 检验的随机数生成函数为:

numpy.random.f(dfnum,dfden,size):dfnum 为第一自由度,dfden 为第二自由度,size

为样本容量。

【例6-29】随机抽取第一自由度为4,第二自由度为7的F分布的随机数10 000个。

代码如下:

```
xnf = npr.f(dfnum = 4, dfden = 7, size = 10000)
print("随机抽取F分布数据均值为:", xnf.mean())
print("随机抽取F分布数据标准差为:", xnf.std())
```

运行结果为:

随机抽取F分布数据均值为: 1.4061288204783746

随机抽取F分布数据标准差为: 1.688999635758314

6.4.6 生成服从贝塔分布的随机数

贝塔分布是一种概率分布函数。用户在构建金融事件影响下的概率模型时,可构造贝塔分布模型。其模型的优势在于,该分布可以刻画数据的峰型状态,可以构造单峰形状,双峰形状和均匀状态的数据状态。贝塔分布的随机数产生函数为:

numpy.random.beta(a, b, size): a为正参数(alpha), b为正参数(beta), 这两个参数决定了数据的峰态, size为样本容量。

【例6-30】随机抽取a = 3, b = 5的贝塔分布的随机数10 000个。

代码如下:

```
xnbeta = npr.beta(a = 3, b = 5, size = 10000)
print("随机抽取贝塔分布数据均值为:", xnbeta.mean())
print("随机抽取贝塔分布数据标准差为:", xnbeta.std())
```

运行结果为:

随机抽取贝塔分布数据均值为: 0.37656133912343026

随机抽取贝塔分布数据标准差为: 0.1623262952091594

6.4.7 生成服从伽马分布的随机数

伽马分布(Gamma Distribution)也是一种概率模型,其通过参数的控制和矫正控制数据的走向和状态,在金融中有广泛应用,如可以运用伽马分布模拟金融资产的极端损失,运用伽马分布处理长尾风险的保险产品、估计债务人的违约时间和违约概率等。伽马分布的随机数生成函数为:

numpy.random.gamma(shape, scale, size): shape为形状参数, scale为尺度参数, size为样本容量。

【例6-31】随机抽取$\alpha = 3$、$\beta = 8$的伽马分布的随机数10 000个。

代码如下:

```
xngam = npr.gamma(shape = 3, scale = 8, size = 100000)
print("随机抽取伽马分布数据均值为:", xngam.mean())
print("随机抽取伽马分布数据标准差为:", xngam.std())
```

运行结果为:

随机抽取伽马分布数据均值为: 24.093651124508373

随机抽取伽马分布数据标准差为：13.908958017054882

6.4.8 其他分布

除了生成指定数据类型的数据外，Python 还可以生成服从特定分布的数据，如常用的基础分布二项分布、均匀分布等。

【例 6-32】生成服从二项分布的随机数。

代码如下：

```
bran = np.random.binomial(n = 2,p = 0.4,size = 10)#n 为实验次数,p 为概率
print(bran)
```

生成的服从二项分布的随机数为：

$[2\ 0\ 2\ 1\ 2\ 2\ 0\ 0\ 0\ 0]$

【例 6-33】生成服从均匀分布的随机数。

代码如下：

```
uran = np.random.rand(10)
print(uran)
```

运行结果：

$[0.80305666\ 0.4458582\ 0.88295195\ 0.72890986\ 0.16068735\ 0.73865703$
$0.40476153\ 0.2075244\ 0.24987401\ 0.7649614\ ]$

6.5 NumPy 库实现金融数据分析

对于金融数据，用户可以运用 NumPy 中的统计类、代数计算等函数，实现对数据的基础计算和统计类特征呈现。

【例 6-34】对于反映四只股票涨跌程度的数组类数据，

$[[\ 0.0039\ 0.0023\ -0.0012\ 0.0012]$
$[-0.0012\ 0.0012\ -0.0009\ 0.0023]$
$[\ 0.0034\ -0.0023\ 0.0045\ -0.0015]]$

分析过程如下：

```
import numpy as np
stockp = np.array([[0.0039,0.0023,-0.0012,0.0012],[-0.0012,0.0012,-0.0009,
0.0023],[0.0034,-0.0023,0.0045,-0.0015]])
```

对该涨跌数据展开分析。

（1）求和。

axis = 0,按列求和;axis = 1,按行求和。

列求和代码如下：

```
stockpls = stockp.sum(axis = 0)
print(stockpls)
```

列求和结果为：

$[0.0061\ 0.0012\ 0.0024\ 0.002\ ]$

行求和代码如下：

stockprs = stockp.sum(axis = 1)

print(stockprs)

行求和结果为：

$[0.0062\ 0.0014\ 0.0041]$

全部数据求和代码如下：

stockps = stockp.sum()

print(stockps)

全部数据求和结果为：

0.0117

求解数组内元素求乘积，使用 numpy.prod 函数，对于上面的股票价格波动数据，求解元素乘积。

（2）求积：axis = 0，按列求积；axis = 1，按行求积。

列求积代码如下：

stockplp = stockp.prod(axis = 0)

print(stockplp)

列求积结果为：

$[-1.5912e-08\ -6.3480e-09\ \ 4.8600e-09\ -4.1400e-09]$

行求积代码如下：

stockprp = stockp.prod(axis = 1)

print(stockprp)

行求积结果为：

$[-1.29168e-11\ \ 2.98080e-12\ \ 5.27850e-11]$

总求积代码如下：

stockpp = stockp.prod()

print(stockpp)

追求积结果为：

-2.0323490488703984e-33

（3）描述统计。

行最大值代码如下：

stockplm = stockp.max(axis = 0)

print(stockplm)

行最大值为：

$[0.0039\ 0.0023\ 0.0045\ 0.0023]$

列最大值代码如下：

stockprp = stockp.max(axis = 1)

print(stockprp)

列最大值为：

[0.0039 0.0023 0.0045]

总最大值：

stockpm = stockp.max( )

print(stockpm)

总大值结果为：

0.0045

（4）求均值：axis = 0，求列平均数；axis = 1，求行平均数。

列平均数代码如下：

stockplm = stockp.mean(axis = 0)

print(stockplm)

列平均数为：

[0.00203333 0.0004   0.0008   0.00066667]

行平均数代码如下：

stockprm = stockp.mean(axis = 1)

print(stockprm)

行平均数为：

[0.00155   0.00035   0.001025]

解总平均数代码如下：

stockpr = stockp.mean( )

print(stockpr)

总平均数为：

0.000975000000000001

反映数据差异指标的函数，反映数据离散程度的方差，标准差，在 Python 中用 var 函数求解方差。

（5）求解上述股票价格收益数据的方差。

代码如下：

stockplv = stockp.var(axis = 0)#列方差

stockprv = stockp.var(axis = 1)#行方差

print(stockplv)

print(stockprv)

运行结果为：

[5.26888889e-06 3.84666667e-06 6.86000000e-06 2.54888889e-06]

[3.442500e-06 2.122500e-06 8.786875e-06]

计算数组内元素的平方、开方、指数等，运用函数 np.sqrt，np.square，np.exp。

（6）求解上述数据的平方、开方、指数。

代码如下：

stockpss = np.square(stockp)

print(stockpss)

[[1.521e-05 5.290e-06 1.440e-06 1.440e-06]

$[1.440\mathrm{e}{-06}\ 1.440\mathrm{e}{-06}\ 8.100\mathrm{e}{-07}\ 5.290\mathrm{e}{-06}]$

$[1.156\mathrm{e}{-05}\ 5.290\mathrm{e}{-06}\ 2.025\mathrm{e}{-05}\ 2.250\mathrm{e}{-06}]]$

stockpsq = np.sqrt(stockp)

print(stockpsq)

$[[0.06244998\ 0.04795832\qquad \mathrm{nan}\ 0.03464102]$

$[\qquad \mathrm{nan}\ 0.03464102\qquad \mathrm{nan}\ 0.04795832]$

$[0.05830952\qquad \mathrm{nan}\ 0.06708204\qquad \mathrm{nan}]]$

stockpse = np.exp(stockp)

print(stockpse)

$[[1.00390761\ 1.00230265\ 0.99880072\ 1.00120072]$

$[0.99880072\ 1.00120072\ 0.9991004\quad 1.00230265]$

$[1.00340579\ 0.99770264\ 1.00451014\ 0.99850112]]$

(7)求解上述数组数据对数。

代码如下：

stockplog = np.log(stockp)

print(stockplog)

$[[-5.54677873\ -6.07484616\qquad \mathrm{nan}\ -6.72543372]$

$[\qquad \mathrm{nan}\ -6.72543372\qquad \mathrm{nan}\ -6.07484616]$

$[-5.68397985\qquad \mathrm{nan}\ -5.40367788\qquad \mathrm{nan}]]$

stockplt = np.log10(stockp)

print(stockplt)

$[[-2.40893539\ -2.63827216\qquad \mathrm{nan}\ -2.92081875]$

$[\qquad \mathrm{nan}\ -2.92081875\qquad \mathrm{nan}\ -2.63827216]$

$[-2.46852108\qquad \mathrm{nan}\ -2.34678749\qquad \mathrm{nan}]]$

作业

1. 创建一个 Python 脚本，命名为 chap1.py，完成以下功能：

(1)定义一个列表 list1 = [1,3,4,6,7,9]，将其转化为数组 S1。

(2)定义一个元组 tup1 = (6,2,3,4,5,7)，将其转化为数组 S2。

(3)利用内置函数，定义一个 2 行 6 列元素全为 1 的数组 S3。

(4)将 S1,S3 水平连接，形成一个 3 行 6 列的二维数组 S4。

(5)将 S4 保存为 Python 二进制数据文件（.npy 格式）。

2. 创建一个 Python 脚本，命名为 test2.py，完成以下功能：

(1)加载练习 1 中生成的 Python 二进制数据文件，获得数组 S4。

(2)提取 S4 第 1 行中的第 2、4 个元素，第 3 行中的第 1、5 个元素，组成一个新的二维数组 S5，将 S5 与练习 1 中的 N1 进行水平合并，生成一个新的二维数组 S6。

3. 创建一个 Python 脚本，命名为 chap3.py，完成以下功能：

（1）生成两个 2×2 矩阵，并计算矩阵的乘积。

（2）求矩阵求矩阵 的特征值和特征向量。

（3）设有矩阵，试对其进行奇异分解。

（4）求其转置行列式 ，并计算其和。

4. 用 numpy 包中的 array( ) 函数生成一组 3 行 4 列的二维数据，并分别访问第一行数据，第二列数据，第二行第二列数据，第 0 列中大于 2 的所有列数据。

5. 生成一个 4×4 维的单位矩阵，命名为 A；生成一个 4×4 维的随机矩阵，命名为 B。分别计算 A+B，A−B，A×B，B 矩阵的逆矩阵，计算 B 矩阵的行列式，并完成 B 矩阵的奇异值分解。

6. 已知 A1 矩阵为：

$$[[\,1\ 3\ 5]$$

$$[\,2\ 3\ 4]$$

$$[\,3\ 5\ 7]]$$

B 向量为:[2,7,9]。

求解 :Ax＝b 的解。

7

Pandas 数据分析库

本章介绍 pandas 分析库的基本结构,如何使用该库,运用该库读取和存储数据以及如何调用该库数据分析函数等。

Pandas 库的命名,源于 Panel data(面板数据),该库发行于 2009 年,由 PyData 团队开发和更新维护,有强大的数据管理、数据处理和分析功能,是 Python 自带的模块包,使用时,只需要导入,无需单独安装。

Pandas 的两个主要的数据结构:Series 和 DataFrame。

7.1 数列

7.1.1 创建数列(Series)

Series 用来创建数列数组,该数组包含对象中的数值与索引。

【例 7-1】运用 Pandas 库创建一个序列数组。

```
from pandas import Series
x = Series(['a',1,'物品'],index = [1,2,3])
print(x)
```

输出为:

```
1    a
2    1
3    物品
x[3]    #访问 x 中第三个元素。
Out[4]:'物品'
```

通过该例发现,一个序列中包括两部分:第一部分为序列数据,并且序列中允许不同类型的数据。第二部分为序列的索引,代表数据的位置编码,若不定义具体索引编号的话,系统会默认从第 0 个位置开始。

【例7-2】示例定义索引和不定义索引区别。

y＝Series(〔′X′,′Y′,′Z′〕,〔1,2,3〕)

print(y)

1   X

2   Y

3   Z

dtype：object

当不定义索引时,

y＝Series(〔′X′,′Y′,′Z′〕)

print(y)

0   X

1   Y

2   Z

dtype：object

print(y〔1〕)

对应的元素为 Y。

从上面例子看出,要访问定义的数据,只需要访问数据对应索引即可,但是,当索引数据超出索引范围时,系统会报错。

【例7-3】检索数据。

z＝Series(〔′a′,′not′,′合适′〕,index＝〔′first′,′second′,′third′〕)

print(z)

z〔2〕

z〔3〕   #超出索引范围,系统会自动报错。

输出结果为:

z 为:

first   a

second   not

third   合适

dtype：object

z〔2〕为:

′合适′

z〔3〕

提示超出检索范围。

7.1.2 数列叠加

叠加序列通过.append 来实现。

【例7-4】将数列 z 和数列 n 叠加在一起。

z＝Series(〔′a′,′not′,′合适′〕,index＝〔′first′,′second′,′third′〕)

n＝Series(〔2,3,4〕)

z1 = z.append(n)

print(z1)

结果:

first	a
second	not
third	合适
0	2
1	3
2	4

print(z1[1:4])　　#输出第二个到第四个元素

second	not
third	合适
0	2

dtype：object

7.1.3　数列删除

删除元素可通过 drop( )命令来实现。

【例7-5】将数列 z1 中的'first'对应的元素删除。

z1. drop('first')　　#删除 first 对应的元素

删除后的元素

second	not
third	合适
0	2
1	3
2	4

7.1.4　数列去除重复元素

【例7-6】删除 z5 =[2,2,2,3,'h1','h2','h1']中的重复元素。

代码如下:

```
import pandas as pd
z5 = [2,2,2,3,'h1','h2','h1']        #定义列表 z5
z5 = pd.Series(z5)                   #将定义的列表 z5 转换为序列
z51 = z5. unique()                   #调用 unique()方法去重
print(z51)
```

运行结果为:[2 3 'h1' 'h2']

(1)统计元素出现次数。

利用 value_counts( )可函数统计元素出现的次数。

【例7-7】统计 z5 =[2,2,2,3,'h1','h2','h1']中的元素次数。

代码如下:

```
z52 = z5. value_counts( )
print( z52)
2     3
h1    2
3     1
h2    1
dtype：int64
```

（2）空值处理。

利用 dropna( )函数,可删除序列数据中的空值。

【例 7-8】输出序列中有空值的数据。

代码如下:

```
z6 = pd.Series([1,2,3,5,np.nan,3,np.nan,8,9,np.nan])
z61 = z6. dropna( )
print( z61)
0     1.0
1     2.0
2     3.0
3     5.0
5     3.0
7     8.0
8     9.0
dtype：float64
```

空值元素已删除。

7.2 数据框

7.2.1 创建数据框(DataFrame)

DataFrame 用来承载二维数据,即多行多列的数据,其数据结构类似于 Excel 中的二维表格形式。

【例 7-9】运用 pandas 生成一个 DataFrame 类型的数据。

代码如下:

```
from pandas import DataFrame
from pandas import Series
z3 = DataFrame({'name':Series(['zh','wa','li']),'age':Series([22,23,24])})
print( z3)
print( 'columns = ')
print( z3. columns)
```

```
print('-' * 50)
print('index = ')
print(z3. index)
print('-' * 50)
print('values = ')
print(z3. values)
```

```
   name   age
0   zh    22
1   wa    23
2   li    24
columns =
Index(['name', 'age'], dtype = 'object')
--------------------------------------------------

index =
RangeIndex(start = 0, stop = 3, step = 1)
--------------------------------------------------

values =
[['zh' 22]
 ['wa' 23]
 ['li' 24]]
```

该例说明 DataFrame 数据框对象有三个属性,第一个属性对应的是变量名,第二个属性是索引,第三个属性是具体对应的值。

```
print(z3['name'])              #输出'name'列数据
0   zh
1   wa
2   li
z4 = z3[1:2]                   #获取第二行
print(z4)
   name   age
1   wa    23
z4 = z3[0:3]      #获取第一行至第三行的信息
z5 = z3. iloc[0:1, 0:1]  #获取第一行,第一列信息
print(z5)
   name
0   zh
```

当获取列信息时,用.iloc

```
z6 = z3. iloc[1, 'age']        #获取第二行与'age'列交叉信息
print(z6)
```

运行结果为:23

7.2.2　数据框填充内容

利用 fillna( )函数可对数据框中的空值数据填充。

【例7-10】给生成的 data 数据框数据中的空值数据填充元素 2。

代码如下：

```
from pandas import DataFrame
from pandas import Series
z6 = pd.Series([1,2,3,5,np.nan,3,np.nan,8,9,np.nan])
z7 = pd.Series([4,4,2,5,7,3,np.nan,3,4,np.nan])
data = DataFrame({'z6':Series([1,2,3,5,np.nan,3,np.nan,8,9,np.nan]),'z7':Series([4,4,2,5,7,3,np.nan,3,4,np.nan])})
data1 = data.fillna(2)
```

填充后的数据框为：

```
     z6    z7
0   1.0   4.0
1   2.0   4.0
2   3.0   2.0
3   5.0   5.0
4   2.0   7.0
5   3.0   3.0
6   2.0   2.0
7   8.0   3.0
8   9.0   4.0
9   2.0   2.0
```

7.2.3　数据框排序

对数据框中的数据按照某一列进行排序,可利用函数 sort_values('列',ascending)来实现。ascending 指的是按照升序或者降序排列的标准,True 是升序,False 是降序。

【例7-11】对 data1 中的数据,按 z6 列降序排列。

```
data2 = data1.sort_values('z6',ascending = False)
```

降序排列后的数据为：

```
     z6    z7
8   9.0   4.0
7   8.0   3.0
3   5.0   5.0
2   3.0   2.0
5   3.0   3.0
1   2.0   4.0
4   2.0   7.0
```

```
6   2.0   2.0
9   2.0   2.0
0   1.0   4.0
```

7.2.4 数据连接

将两个数据框数据按照列连接,可利用函数 join( )来实现

【例7-12】将 df1 和 df2 两个数据框连接。

代码如下:

```
import pandas as pd
df = {´a´:[5,3,4,1,6],´b´:[´d´,´c´,´a´,´e´,´q´],´c´:[4,6,5,5,6]}
df1 = pd.DataFrame(data)
df2 = pd.DataFrame({´d´:[1,2,3,4,5]})
df3 = df1.join(df2)
```

运行结果为:

```
x1  x2   x3   x4
0   6    d    5    7
1   3    c    6    2
2   4    a    5    3
3   1    e    5    4
4   6    h    6    5
```

7.3 运用 pandas 库读取外部文件数据

Pandas 库读取不同格式数据的功能强大。用户可以将不同存储类型的数据应用 pandas 库读取到 Python 环境,也可以将 Python 环境的数据存储为不同类型的文件,并将其存储到指定路径中。

7.3.1 read_excel 读取 Excel 文档中的数据

用函数 read_excel(`文件的路径\文件名.xlsx`, header,index_col)可以读取 excel 文档数据。其中 header 指定行名,默认是 heade = 0,将第一行作为行变量名;index_col 指定列名,默认将 index_col = 0 中的第一列作为索引列。

【例7-13】读取 D 盘中指定位置的命名为成绩 Excel 的数据。

代码如下:

```
import pandas as pd
data = pd.read_excel(´D:\金融\大数据金融\代码\成绩.xlsx´)
print(data)
```

数据读入结果:

张三　　　23

```
0     李四      23.0
1     王五      24.0
2     周六      25.0
3     胡一      25.5
4     六一      26.2
5     刘二      26.9
6     刘三      27.6
7     刘四      28.3
8     刘五      29.0
9     刘六      29.7
10    刘七      30.4
11    张八      31.1
12    王久      31.8
13    周二      32.5
14    周三      33.2
15    令狐冲    35.0
```

7.3.2 读取其他格式本地路径数据

除了读取 excel 文档的数据外,pandas 还可以读取其他类型的数据。

如读取.csv 类型的数据,读取命令为:

read_csv('文件的路径或网址',sep,delimiter,header,index_col)sep 为分隔符,delimiter 为备选分隔符,header 和 index_col 的用法和读取 excel 文档的参数意义一样。

读取文本类的数据,读取命令为:

read_table('文件的路径',index_col,delimiter),参数意义同上。

【例 7-14】读取本地 D 盘下文档名为 txt1 的文本类数据。

代码如下:

```
mport pandas as pd

txt1 = pd.read_table('D:\txt1.txt',header=None)  #header=None 表示数据没有表头。
```

运行结果如图 7-1 所示。

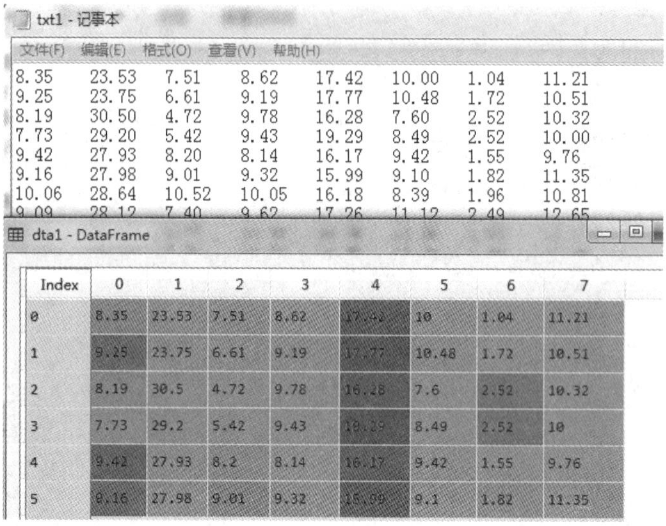

txt1 - 记事本

文件(F) 编辑(E) 格式(O) 查看(V) 帮助(H)

8.35	23.53	7.51	8.62	17.42	10.00	1.04	11.21
9.25	23.75	6.61	9.19	17.77	10.48	1.72	10.51
8.19	30.50	4.72	9.78	16.28	7.60	2.52	10.32
7.73	29.20	5.42	9.43	19.29	8.49	2.52	10.00
9.42	27.93	8.20	8.14	16.17	9.42	1.55	9.76
9.16	27.98	9.01	9.32	15.99	9.10	1.82	11.35
10.06	28.64	10.52	10.05	16.18	8.39	1.96	10.81
9.09	28.12	7.40	9.62	17.26	11.12	2.49	12.65

dta1 - DataFrame

Index	0	1	2	3	4	5	6	7
0	8.35	23.53	7.51	8.62	17.42	10	1.04	11.21
1	9.25	23.75	6.61	9.19	17.77	10.48	1.72	10.51
2	8.19	30.5	4.72	9.78	16.28	7.6	2.52	10.32
3	7.73	29.2	5.42	9.43	19.29	8.49	2.52	10
4	9.42	27.93	8.2	8.14	16.17	9.42	1.55	9.76
5	9.16	27.98	9.01	9.32	15.99	9.1	1.82	11.35

图 7-1　源数据

7.3.3　文件的写入

【例 7-15】将 data 中的数据写入到指定路径下的成绩 1Excel 文档中。

代码如下：

```
data.to_excel('D:\金融\第三章 代码\成绩 1. xlsx')
```

7.4　数据统计分析

7.4.1　描述性统计分析

描述性统计分析：指反映数据总体特征的指标，如均值，求和，方差，标准差，中位数，众数等，在 pandas 中的函数名称为：

求和：sum()

均值：mean()

中位数：median()

最大值：max()

最小值：min()

分位数：quantile()

差分：diff()

标准差：std()

方差：var()

Pandas 库也可以实现输出数据的描述性统计。运用 pandas 计算描述性统计结果，实现的途径有两种：第一种是运用各项描述性统计指标的函数表达；另一种是运用汇总性函数 describe()。

下面通过例子展示描述性统计分析的 python 实现。

【例 7-16】计算 Excel 文档中成绩的描述性统计结果。

首先导入数据。

```
import pandas as pd
cj = pd.read_excel('D:\金融\成绩 1. xlsx')
cj.head( )
Out[4]:
```

```
bm   xm   age   English    CH
0 NaN  张三  23.0    88.0   99.0
1 0.0  李四  23.0    90.0   67.0
2 1.0  王五  24.0    75.0   78.0
3 2.0  周六  25.0    95.0   87.0
4 3.0  胡一  25.5    65.0   88.0
```

求和:

```
S1 = cj.age.sum( )
S1
Out[6]: 482. 2
s2 = cj.xm.count( )
s2
Out[8]: 17
```

输出全部统计结果:

```
cj.describe( )
Out[9]:
```

	bm	age	English	CH
count	16. 000000	17. 000000	17. 000000	17. 000000
mean	7. 500000	28. 364706	72. 470588	75. 235294
std	4. 760952	3. 654439	16. 149526	10. 751043
min	0. 000000	23. 000000	45. 700000	56. 000000
25%	3. 750000	25. 500000	62. 100000	69. 100000
50%	7. 500000	28. 300000	70. 300000	70. 900000
75%	11. 250000	31. 100000	88. 000000	86. 000000
max	15. 000000	35. 000000	95. 000000	99. 000000

7.4.2 分组分析

分组分析指的是根据具体要求将数据换分成不同的组别,并对比分析各组别之间数据的差异性分析方法。

用户可以通过 pandas 中的 groupby 函数实现数据分组功能,命令如下:

变量.groupby(by = ['分类一','分类二','…'])['被分析的列'].agg({列名 1:统计函数 1,列名 2:统计函数 2,…})

by：代表要分组的数据列

[ ]:统计的列

.agg:统计显示统计值的名称。

【例7-17】将上例中学生成绩的数据,计算按照性别划分的平均成绩。

代码如下:

```
import pandas as pd
cj = pd.read_excel('D:\金融\成绩 1.xlsx')
```

Out[10]:

	bm	xm	age	性别	English	CH
0	NaN	张三	23.0	男	88.0	99.0
1	0.0	李四	23.0	女	90.0	67.0
2	1.0	王五	24.0	女	75.0	78.0
3	2.0	周六	25.0	男	95.0	87.0
4	3.0	胡一	25.5	女	65.0	88.0

```
cj.groupby('性别')['age','English','CH'].mean()    #按照性别划分的组的平均数
```

Out[11]:

	age	English	CH
性别			
女	28.685714	77.414286	74.50
男	28.140000	69.010000	75.75

```
import numpy as np
from pandas import read_excel
cj = pd.read_excel('D:\金融\成绩 1.xlsx')
cj.head()
```

Out[13]:

	bm	xm	age	class	性别	English	CH
0	NaN	张三	23.0	1	男	88.0	99.0
1	0.0	李四	23.0	2	女	90.0	67.0
2	1.0	王五	24.0	3	女	75.0	78.0
3	2.0	周六	25.0	2	男	95.0	87.0
4	3.0	胡一	25.5	3	女	65.0	88.0

统计按照性别划分、班级划的分组数据的描述性统计结果。代码如下

```
cj.groupby(by=['class','性别'])['English'].agg({np.sum,np.size,np.mean,np.var,
np.max,np.min})
```

Out[27]:

		var	sum	amin	mean	amax	size
class	性别						
1	女	NaN	88.0	88.0	88.000	88.0	1.0

	男	293.4330	360.2	49.8	72.040	90.0	5.0
2	女	NaN	90.0	90.0	90.000	90.0	1.0
	男	412.8425	271.9	45.7	67.975	95.0	4.0
3	女	230.1420	363.9	53.9	72.780	95.0	5.0
	男	NaN	58.0	58.0	58.000	58.0	1.0

或者

cj.groupby(by=['class','性别'])['English'].describe()

Out[30]:

class	性别	count	mean	std	min	25%	50%	75%	max
1	女	1.0	88.000	NaN	88.0	88.000	88.0	88.0	88.0
	男	5.0	72.040	17.129886	49.8	62.100	70.3	88.0	90.0
2	女	1.0	90.000	NaN	90.0	90.000	90.0	90.0	90.0
	男	4.0	67.975	20.318526	45.7	60.175	65.6	73.4	95.0
3	女	5.0	72.780	15.170432	53.9	65.000	75.0	75.0	95.0
	男	1.0	58.000	NaN	58.0	58.000	58.0	58.0	58.0

7.4.3 数据分布分析

统计分组后频数的分布特征,其实质是对数据分组并统计相应的频数。下面通过一个例子,来展现数据分布的代码实现。

【例7-18】将上例中学生成绩的数据,完成对总分成绩的频数分布分析。

第一步:打开上述数据,求每一位同学的成绩和。

cj['总分']=cj.English+cj.CH

cj['总分']

Out[32]:

0	187.0
1	157.0
2	153.0
3	182.0
4	153.0
5	156.3
6	152.2
7	132.1
8	114.0
9	130.9
10	114.8
11	114.2
12	159.1
13	144.7

14	165. 3
15	135. 9
16	159. 5

Name：总分，dtype：float64

第二步：输出总分的描述统计性指标,建立分组依据。

cj[′总分′].describe()

Out[33]：

count	17. 000000
mean	147. 705882
std	21. 724136
min	114. 000000
25%	132. 100000
50%	153. 000000
75%	159. 100000
max	187. 000000

Name：总分，dtype：float64

bin=[min(cj.总分)-4,140,170,max(cj.总分)+3]   #将数据分为三组

bin

Out[36]：[110. 0, 140, 170, 190. 0]

第三步：建立分组标签,并显示数据被分在哪个组中。

labels=[′140 以下′,′140 至 170′,′170 以上′]

Labels

cjfc=pd.cut(cj.总分,bin,labels=labels)

Cjfc

0	170 以上
1	140 至 170
2	140 至 170
3	170 以上
4	140 至 170
5	140 至 170
6	140 至 170
7	140 以下
8	140 以下
9	140 以下
10	140 以下
11	140 以下
12	140 至 170
13	140 至 170
14	140 至 170

| | 15 | 140 以下 |
| | 16 | 140 至 170 |

Name：总分，dtype：category

Categories（3，object）：［´140 以下´ < ´140 至 170´ < ´170 以上´］

第四步：统计频数分布。

```
cj［´cjfc´］=cjfc
cj.tail（）
```

Out［40］：

	bm	xm	age	class	性别	English	CH	总分	cjfc
12	11.0	张八	31.1	1	男	90.0	69.1	159.1	140 至 170
13	12.0	王久	31.8	3	女	75.0	69.7	144.7	140 至 170
14	13.0	周二	32.5	3	女	95.0	70.3	165.3	140 至 170
15	14.0	周三	33.2	2	男	65.0	70.9	135.9	140 以下
16	15.0	令狐冲	35.0	1	女	88.0	71.5	159.5	140 至 170

```
cj.groupby（by=［´cjfc´］）［´总分´］.agg（{np.size}）
```

Out［44］：

	size
cjfc	
140 以下	6.0
140 至 170	9.0
170 以上	2.0

7.4.4 交叉分析

分析两个或者两个以上变量之间的列联关系,可运用 pandas 中的 pivot_table 来实现。其命令参数为：

pivot_table（value,index,columns,aggfunc,fill_value）

Values：数据透视表中的值

Index：数据透视表中的行

Columns：数据透视表中的列

Aggfunc：统计函数

Fill_value：NA 值的替代

【例 7-19】实现【例 7-18】中成绩数据的列联表。

代码如下：

```
cj.pivot_table（index=［´class´,´性别´］）
```

Out［45］：

		CH	English	age	bm	总分
class	性别					
1	女	71.50	88.000	35.000	15.00	159.500
	男	77.82	72.040	27.520	7.50	149.860

2	女	67.00	90.000	23.000	0.00	157.000
	男	78.10	67.975	28.875	7.75	146.075
3	女	76.60	72.780	28.560	7.40	149.380
	男	56.00	58.000	28.300	7.00	114.000

实现更复杂一点的列联表,代码如下:

cj.pivot_table(values=［´总分´］,index=［´cjfc´］,columns=［´class´］,aggfunc=［np.size,np.mean］)

Out［47］:

	size			mean		
	总分			总分		
class	1	2	3	1	2	3
cjfc						
140 以下	2.0	2.0	2.0	123.45	125.05	122.45
140 至 170	3.0	2.0	4.0	158.30	154.60	154.00
170 以上	1.0	1.0	NaN	187.00	182.00	NaN

7.4.5 相关分析

判断两个变量之间的相关性。

相关分析的代码函数有:

DataFrame.corr( )

Series.corr( )

【例 7-20】计算成绩中两个变量之间的相关系数。

```
from pandas import Series
cj［´English´］.corr(cj［´CH´］)
Out［52］: 0.2751515225052806
```

7.4.6 滚动计算

pandas 库中也有滚动计算数据描述统计特征的函数,如计算滚动均值,滚动最大值,滚动方差等。其计算函数为:

计算滚动均值:rolling_mean(P,N),其中 P 为待分析数据序列,N 为滚动长度。

计算滚动最大值:rolling_max(P,N),参数 P,N 经济含义同上。

【例 7-21】承【例 7-18】数据,计算滚动宽度为 3 的成绩的滚动平均成绩。

代码如下:

```
import pandas as pd
data2=pd.read_excel(´D:\成绩 1. xlsx´)
r_mean=data2［´English´］.rolling(window=3).mean( ) #滚动求均值
print(r_mean)
```

滚动宽度为 3 的成绩的滚动平均成绩为:

```
0            NaN
```

Python 金融编程

· 92 ·

1	NaN
2	84.333333
3	86.666667
4	78.333333
5	76.766667
6	67.166667
7	66.200000
8	62.100000
9	58.000000
10	53.900000
11	49.800000
12	61.833333
13	70.233333
14	86.666667
15	78.333333
16	82.666667

Name：English，dtype：float64

作业

1. 按要求完成以下操作。

(1)运用 Pandas 库生成一个反映 Python 金融编程课程测试成绩的序列数据,要求:数据区间为 0-100,数据规模为 35,生成数据中有空值数据。

(2)完成数据排序,并且在空值数据中填入 75,统计数据中每个元素的次数,计算数据的和、均值、标准差、最大值和最小值。

2. 按要求完成 pandas 库的数据练习。

生成一个反映金融工程 22 级 2023—2024 学年第二学期课程学习兴趣的数据,要求:数据规模 20,学习兴趣区间为【0,1】,其中,0 代表毫无兴趣,1 代表非常感兴趣。

(1)访问前两行、前两列的数据。

(2)输出数据的描述性统计结果。

(3)实现步长为 3 的数据的滚动计算。

(4)将生成的数据存储到本地指定路径中。

(5)将指定路径中的数据读入到 Python 环境中,并显示数据的前几行。

3. 运用本节知识,对书后附表一的金融发展数据,进行统计分析,并给出相应的分析结论。

金融中的线性模型 及 Python 实现

线性回归模型是机器学习的基础,很多模型构建均是在线性模型的基础上构建的。金融问题中资本资产定价、衍生品定价、普票随机游走等建模分析,均要运用到线性模型。本章将介绍线性回归模型构造原理,模型识别、模型检验,并运用 Python 软件实现线性回归模型分析。

8.1 问题导入

线性回归分析在金融业各个领域均有应用,在资产定价、风险管理、金融问题关系检验、价格预测中均有大量应用。

比如资本资产定价模型(CAMP):解释投资资产(股票,债券、期货、期权等)与其期望收益之间关系的模型。模型设定市场收益是可观测的股票收益组合的线性函数,即

$$E(R_i) = \delta_1 + \delta_2 \beta_i \tag{8-1}$$

式中,R_i 为资产 i 的收益,R_m 为市场中所有资产组合总收益。该模型是一个典型的一元线性回归模型的应用,

其核心是识别风险和收益之间的关系(见图8-1),测度风险系数。

$$\beta_i = \mathrm{cov}(R_i, R_m) / \mathrm{var}(R_m) \tag{8-2}$$

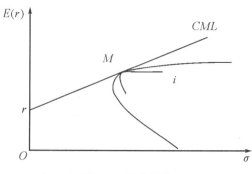

图 8-1　风险收益

8.2 一元线性回归模型

8.2.1 模型构建

一元线性回归模型度量的是一个自变量影响一个因变量,且影响关系总体上是线性相关关系。其刻画的不是确定的线性函数关系,而是围绕在直线周围的线性相关关系,其模型表达式为:

$$y_i = a + \beta x_i + \mu_i \tag{8-3}$$

其中 x 为影响变量,y 为响应变量,μ_i 为误差扰动项。

我们需要对误差扰动项设定条件,才能保证系统能够识别该模型,且具有良好性质。模型假定条件有:一是扰动项独立同分布,且服从正态分布;二是不同的扰动项之间不相关;三是扰动项与解释变量之间不相关。

8.2.2 模型识别

在满足上述条件的情形下,系统可运用最小二乘估计完成对模型(7-3)的识别,即寻找能够代表观测点的最优直线。设定第 i 个观测值在直线上的点为构造直线上的各个点与观测值真实值距离最小值的残差平方和函数(RSS)。

$$RSS = \sum_{i=1}^{T} (y_i - \hat{y}_i)^2 = Q \tag{8-4}$$

寻找最小 Q 值的过程,就是寻找极小值情形下的最优参数,求解偏导数,即可得到:

$$\hat{a} = \bar{y} - \hat{\beta}\bar{x} \tag{8-5}$$

$$\hat{\beta} = \frac{\sum x_i y_i - T\bar{x}\bar{y}}{\sum x_i^2 - T\bar{x}^2} \tag{8-6}$$

在经典条件满足的情形下,运用最小二乘方法得到的估计量具有无偏性、有效性、异质性等优良的性质。

8.3 多元线性回归模型

不同于一元线性回归模型的是,多元线性回归模型构建的是多个影响变量与一个响应变量之间线性相关关系的模型。模型假定条件,除了8.2一元线性模型具备的假定条件之外,多增加了一条各个自变量之间互不相关的假定条件。模型表达式为

$$y_i = a + \beta_1 x_{1i} + \beta_2 x_{2i} + \cdots + \mu_i \tag{8-7}$$

模型的估计过程依然是构造残差平方和矩阵,运用最小二乘估计得到最优估计量为:

$$\hat{\beta} = \begin{bmatrix} \hat{\beta}_1 \\ \hat{\beta}_2 \\ \vdots \\ \hat{\beta}_k \end{bmatrix} = (X'X)^{-1}X'y \tag{8-8}$$

8.4 模型检验

8.4.1 回归方程拟合优度检验

我们中以通过测度样本数据聚集在回归线周围的密集程度,判定拟合曲线对样本数据的整体拟合效果。拟合优度统计量为

$$R^2 = \frac{\sum_{i=1}^{n} (\hat{y}_i - \bar{y})^2}{\sum_{i=1}^{n} (y_i - \bar{y})^2} \tag{8-9}$$

8.4.2 回归方程拟合优度显著性检验

检验解释变量和被解释变量之间总体上是否存在显著的线性关系,构造整体 F 检验统计量:

$$F = \frac{\sum_{i=1}^{n} (\hat{y}_i - \bar{y})^2}{\sum_{i=1}^{n} (y_i - \hat{y})^2 / (n-2)} \tag{8-10}$$

8.4.3 回归系数显著性检验(t 检验)

t 检验是检验每一个解释变量系数是否对因变量有显著的线性影响。

$$t = \frac{\hat{\alpha}_0 - \alpha_0^*}{\mathrm{SE}(\hat{\alpha}_0)} \tag{8-11}$$

8.5 经典假定条件不成立情形分析

8.5.1 异方差性问题

线性回归建模分析的前提条件是扰动项是同方差,然而,金融现象中往往存在大量异方差性问题(见图 8-2),比如,在调查不同公司利润时,大公司的波动幅度往往比小公司波动幅度大;在进行金融风险估值时,高频交易数据往往具有后尾特征,即具有异方差性,即:

$$\text{var}(u_i) = \sigma_i^2 \quad i = 1, 2, \cdots, N \tag{8-12}$$

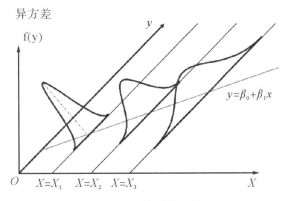

图 8-2　异方差性干扰

8.5.2　异方差性检验

（1）图示方法。

绘制扰动项残差图，判断残差变化中是否存在异方差性，见图 8-3。在图 8-3 中，若随着观测值的变化，残差在较恒定的带宽范围内，说明其不会随着观测值的变化波动产生变化；反之，随着观测值的变化，波动也呈现增大趋势，超过带宽范围，说明其存在异方差性。

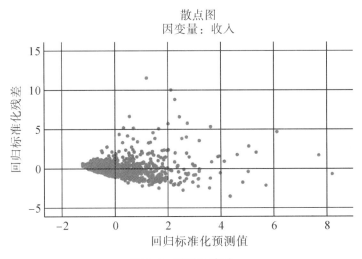

图 8-3　残差异方差

（2）怀特检验。

怀特检验构造原理是：检验在残差扰动信息中，是否依然含有自变量中的部分信息，导致扰动项存在异方差性。

8.6 一元线性回归分析的 Python 实现

8.6.1 Scipy 库简介

Scipy 高级科学计算库和 NumPy 联系很密切,scipy 则是在 NumPy 的基础上构建的更为强大、应用领域也更为广泛的科学计算包。正是出于这个原因,Scipy 需要依赖 NumPy 的支持。Scipy 一般都是操控 NumPy 数组来进行科学计算、统计分析,scipy 有很多子模块,可以应对不同的问题,例如插值运算,优化算法等。现用例子说明 scipy 的具体用法。

【例 8-1】利用 scipy 库生成一组数据,并建立以该数据为自变量的一元线性回归模型。

代码如下:

```
import scipy.stats as stats
x = stats.chi2.rvs(3, size = 50)    #生成 x 数据
y = 2.5+1.2 * x+stats.norm.rvs(size = 50, loc = 0, scale = 1.5)    #生成因变量数据
S1 = stats.linregress(x, y)    #启动线性回归分析策略
slope, intercept, r_value, p_value, std_err = stats.linregress(x, y) #输出斜率线,截距项,可决系数,p 值
print('slope is:', slope)
print('R is :', r_value)
```

运行结果为:

```
slope is: 1.1414408712502224
R is : 0.9270108543278816
```

【例 8-2】利用 numpy 库生成一组数据,并建立以该数据为自变量的一元线性回归模型。

代码如下:

```
import numpy as np
import numpy.random as npr
import numpy as np
xchi = npr.chisquare(df = 3, size = 10000)
e = npr.normal(loc = 0, scale = 1, size = 10000)
y1 = 2+0.8 * xchi+e
slope, intercept, r_value, p_value, std_err = stats.linregress(xchi, y1)
print('slope is:', slope)
print('R is :', r_value)
```

运行结果为:

```
slope is: 0.79998740801915
R is : 0.8872953105334707
```

8.6.2 statsmodels 库

Statsmodels 库是 Python 的一个重要工具,它提供了多种统计模型,数据处理和可视化方法,非常适合用于数据分析。现介绍 statsmodels 库的相关知识,包括如何实现各种统计模型,如何进行数据预处理和可视化等。其实现函数为:

Statsmodels.api:横截面模型和方法。

Statsmodels.tsa.api:时间序列模型和方法。

【例 8-3】建立金融发展与影响因素数据之间的一元线性回归分析模型。

代码如下:

```
import pandas as pd
import numpy as np
import statsmodels.api as sm
data = pd.DataFrame(pd.read_excel('D:\金融发展.xlsx'))
data.head()
x3 = np.array(data[['pcmv']])
y3 = np.array(data[['pgdp']])
x4 = sm.add_constant(x3)
model = sm.OLS(y3,x4)        #最小二乘估计
fit = model.fit()           #数据拟合
print(fit.summary())
print('slope is:',slope)
print('R is :',r_value)
slope is: 0.79998740801915
R is : 0.8872953105334707
```

运行结果见图 8-4。

```
                              OLS Regression Results
========================================================================
Dep. Variable:                    y    R-squared:                   0.268
Model:                          OLS    Adj. R-squared:              0.241
Method:               Least Squares    F-statistic:                 9.896
Date:              Mon, 04 Dec 2023    Prob (F-statistic):        0.00401
Time:                      20:59:30    Log-Likelihood:            -326.54
No. Observations:                29    AIC:                         657.1
Df Residuals:                    27    BIC:                         659.8
Df Model:                         1
Covariance Type:          nonrobust
========================================================================
                 coef    std err          t      P>|t|     [0.025    0.975]
------------------------------------------------------------------------
const         4.759e+04  3814.681     12.476      0.000    3.98e+04  5.54e+04
x1               0.1219      0.039      3.146      0.004      0.042     0.201
========================================================================
Omnibus:                      7.132    Durbin-Watson:               1.812
Prob(Omnibus):                0.028    Jarque-Bera (JB):            5.763
Skew:                         1.071    Prob(JB):                   0.0561
Kurtosis:                     3.428    Cond. No.                  1.04e+05
========================================================================
```

图 8-4 回归估计结果

8.6.3 多元线性回归模型的 Python 实现

【例8-4】运用金融发展数据构建多元线性回归模型。

代码如下：

```
import statsmodels.api as sm

import pandas as pd

import numpy as np

data = pd.DataFrame( )

data = pd.DataFrame( pd.read_excel( 'D:\金融发展.xlsx') )

data.head( )

time area    ldr        pcmv       pgdp       pbank
0   2014  北京   1.67    515138.46    99121    194507.68
1   2014  天津   2.29     25628.64   103642    128096.25
2   2014  河北   0.93      4532.49    39844     32684.33
3   2014  山西   1.05     14176.67    34977     41097.87
4   2014  内蒙古  1.60     12649.12    70936     51536.93

import numpy as np

fig = plt.subplots( 2,2)

vars = [ 'ldr', 'pcmv', 'pgdp', 'pbank']

fig, axList = plt.subplots( 2,2)

x3 = np.array( data[ [ 'pcmv'] ] )

x2 = np.array( data[ [ 'pgdp'] ] )

x1 = x3 = np.array( data[ [ 'ldr'] ] )

y1 = np.array( data[ [ 'pbank'] ] )

axList[ 0] [ 0].scatter( x1,y1)

axList[ 0] [ 1].scatter( x2,y1)

axList[ 1] [ 0].scatter( x3,y1)

axList[ 1] [ 1].scatter( y1,y1)

plt.show( )
```

运行结果见图 8-5。

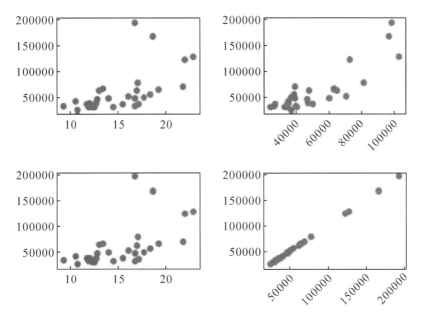

图 8-5　多元散点图

df = data[vars]

print(df.tail())

from patsy import dmatrices 　#导入库资源

y, x = dmatrices('pbank ~ ldr+pcmv+pgdp', data = df, return_type = 'dataframe') #将 pbank 指定为 y 变量,将 ldr、pcmv、pgdp 三个变量指定为 x 矩阵

print(y.head())

print(x.head())

model = sm.OLS(y, x) 　#启动三个自变量与一个因变量的多元线性回归分析策略

fit = model.fit() 　#按照线性回归模型拟合数据

print(fit.summary())

运行结果见图 8-6、图 8-7。

	ldr	pcmv	pgdp	pbank
24	1.71	4728.86	27184	35584.76
25	1.28	6231.25	46861	45831.28
26	1.19	4442.37	24296	30760.28
27	2.18	6713.55	39420	69149.39
28	1.77	12468.85	37181	49023.30

	pbank
0	194507.68
1	128096.25
2	32684.33
3	41097.87
4	51536.93

	Intercept	ldr	pcmv	pgdp
0	1.0	1.67	515138.46	99121.0
1	1.0	2.29	25628.64	103642.0
2	1.0	0.93	4532.49	39844.0
3	1.0	1.05	14176.67	34977.0
4	1.0	1.60	12649.12	70936.0

图 8-6　各变量描述统计

Dep. Variable:	pbank	R-squared:	0.916
Model:	OLS	Adj. R-squared:	0.906
Method:	Least Squares	F-statistic:	91.24
Date:	Mon, 04 Dec 2023	Prob (F-statistic):	1.35e-13
Time:	21:06:00	Log-Likelihood:	-313.18
No. Observations:	29	AIC:	634.4
Df Residuals:	25	BIC:	639.8
Df Model:	3		
Covariance Type:	nonrobust		

	coef	std err	t	P>|t|	[0.025	0.975]
Intercept	-4.46e+04	1.07e+04	-4.167	0.000	-6.66e+04	-2.26e+04
ldr	3.292e+04	7663.627	4.296	0.000	1.71e+04	4.87e+04
pcmv	0.1897	0.030	6.331	0.000	0.128	0.251
pgdp	0.9450	0.142	6.643	0.000	0.652	1.238

Omnibus:	10.929	Durbin-Watson:	2.456
Prob(Omnibus):	0.004	Jarque-Bera (JB):	11.418
Skew:	0.958	Prob(JB):	0.00332
Kurtosis:	5.403	Cond. No.	5.46e+05

图 8-7　多元线性回归结果

【例 8-5】分析教育水平和影响教育水平发展的因素的多元线性模型,并检验数据的多重共线性与异方差性。若存在多重共线性或者异方差性,做适当处理。

(1)基准回归分析。

代码如下:

```
data＝pd.read_excel('D:\edu.xlsx')

data.tail()

fea＝['Wisi', 'Lncg', 'Fiv']
```

```python
x = data[fea]
x.head()
print(type(x))
print(x.shape)
y = data['Urb']
model = sm.OLS(y, x)
fit = model.fit()
print(fit.summary())
<class 'pandas.core.frame.DataFrame'>
(434, 3)
```

运行结果见图 8-8。

```
                          OLS Regression Results
===============================================================
==
Dep. Variable:                 Urb   R-squared (uncentered):        0.9
81
Model:                         OLS   Adj. R-squared (uncentered):   0.9
81
Method:              Least Squares   F-statistic:                   729
9.
Date:             Mon, 04 Dec 2023   Prob (F-statistic):             0.
00
Time:                     21:13:52   Log-Likelihood:               486.
47
No. Observations:              434   AIC:                           -96
6.9
Df Residuals:                  431   BIC:                           -95
4.7
Df Model:                        3
Covariance Type:           nonrobust
===============================================================
                 coef    std err         t      P>|t|     [0.025     0.975]
---------------------------------------------------------------
Wisi           0.0806      0.020     4.127      0.000      0.042      0.119
Lncg           0.0414      0.004     9.234      0.000      0.033      0.050
Fiv            7.8971      1.316     6.000      0.000      5.310     10.484
---------------------------------------------------------------
Omnibus:                    35.412   Durbin-Watson:                 0.260
Prob(Omnibus):               0.000   Jarque-Bera (JB):             42.027
Skew:                        0.708   Prob(JB):                   7.48e-10
Kurtosis:                    3.563   Cond. No.                    3.19e+03
===============================================================
```

图 8-8　基准回归

```python
vars = ['Wisi', 'Lncg', 'Lfa', 'Gexp', 'Urb']
df = data[vars]
df.corr()
from patsy import dmatrices
df = data[vars]
y, x = dmatrices('Wisi ~ Lncg+Lfa+Gexp+Urb', data=df, return_type='dataframe')
print(y.head())
print(x.head())
model = sm.OLS(y, x)
```

```
fit = model.fit( )
print( fit.summary( ) )
```
运行结果见图 8-9。

```
                          OLS Regression Results
==============================================================================
Dep. Variable:                   Wisi   R-squared:                       0.818
Model:                            OLS   Adj. R-squared:                  0.817
Method:                 Least Squares   F-statistic:                     483.2
Date:                Mon, 04 Dec 2023   Prob (F-statistic):           2.24e-157
Time:                        21:30:12   Log-Likelihood:                 370.51
No. Observations:                 434   AIC:                            -731.0
Df Residuals:                     429   BIC:                            -710.7
Df Model:                           4
Covariance Type:            nonrobust
==============================================================================
                 coef    std err          t      P>|t|      [0.025      0.975]
------------------------------------------------------------------------------
Intercept      0.9857      0.080     12.386      0.000       0.829       1.142
Lncg          -0.0019      0.010     -0.195      0.846      -0.021       0.017
Lfa            0.0091      0.006      1.569      0.117      -0.002       0.021
Gexp           0.2877      0.034      8.471      0.000       0.221       0.354
Urb            1.6545      0.075     22.124      0.000       1.508       1.801
==============================================================================
Omnibus:                        9.997   Durbin-Watson:                   0.210
Prob(Omnibus):                  0.007   Jarque-Bera (JB):                5.552
Skew:                           0.008   Prob(JB):                       0.0623
Kurtosis:                       2.446   Cond. No.                         247.
==============================================================================
```

图 8-9 多重共线性检验过程

（2）多重共线性检验。

代码如下：
```
y, x = dmatrices( ′Wisi ~ Lncg+Lfa′, data = df, return_type = ′dataframe′)
print( y.head( ) )
print( x.head( ) )
model = sm.OLS( y, x)
fit1 = model.fit( )
vif1 = ( 1-fit1. rsquared) ** ( -1)
print( vif1)
```
运行结果为：

VIF1 = 2. 168780233165996
```
y, x = dmatrices( ′Lncg ~ Wisi+Lfa′, data = df, return_type = ′dataframe′)
print( y.head( ) )
print( x.head( ) )
model = sm.OLS( y, x)
fit1 = model.fit( )
vif2 = ( 1-fit1. rsquared) ** ( -1)
print( ′VIF2 = ′, vif2)
```
VIF2 = 2. 4368789091509595

（3）异方差性检验。

代码如下：

```
data = pd.read_excel('D:\edu.xlsx')
data.tail()
fea = ['Wisi', 'Lncg', 'Fiv']
x = data[fea]
x.head()
print(type(x))
print(x.shape)
y = data['Urb']
model = sm.OLS(y, x)
fit = model.fit()
print(fit.summary())
#多重共线性
vars = ['Wisi', 'Lncg', 'Lfa', 'Gexp', 'Urb']
df = data[vars]
df.corr()
from patsy import dmatrices
df = data[vars]
y, x = dmatrices('Wisi ~ Lncg+Lfa+Gexp+Urb', data = df, return_type = 'dataframe')
print(y.head())
print(x.head())
model = sm.OLS(y, x)
fit = model.fit()
res = fit.resid
absres = abs(res)
absres
Df1 = pd.DataFrame()
Df1[['Lncg', 'Lfa', 'Gexp', 'Urb']] = df[['Lncg', 'Lfa', 'Gexp', 'Urb']]
Df1['absres'] = absres
print(Df1.corr())  Out[143]:
0        0.135145
1        0.139473
2        0.133773
3        0.153054
4        0.131949

429      0.060323
430      0.070990
431      0.065510
432      0.072063
```

433   0.024607

运行结果为：

	Lncg	Lfa	Gexp	Urb	absres
Lncg	1.000000	0.385503	−0.549164	0.878297	0.089711
Lfa	0.385503	1.000000	−0.552099	0.312248	−0.270605
Gexp	−0.549164	−0.552099	1.000000	−0.401703	0.066253
Urb	0.878297	0.312248	−0.401703	1.000000	0.156890
absres	0.089711	−0.270605	0.066253	0.156890	1.000000

（4）异方差性处理。

代码如下：

```
data = pd.read_excel('D:\edu.xlsx')
data.tail()
fea = ['Wisi', 'Lncg', 'Fiv']
x = data[fea]
x.head()
print(type(x))
print(x.shape)
y = data['Urb']
model = sm.OLS(y, x)
fit = model.fit()
print(fit.summary())
model = sm.OLS(y, x)
fit = model.fit()
res = fit.resid
absres = abs(res)
absres
Df1 = pd.DataFrame()
Df1[['Lncg', 'Lfa', 'Gexp', 'Urb']] = df[['Lncg', 'Lfa', 'Gexp', 'Urb']]
Df1['absres'] = absres
print(Df1.corr())
w1 = 1/(df[['Lfa']] ** 2)
ws_model = sm.WLS(y, x, weight = w1)
result = ws_model.fit()
print(result.summary())
```

运行结果见图 8-10。

```
                          WLS Regression Results
================================================================================
Dep. Variable:                  Wisi   R-squared:                       0.818
Model:                           WLS   Adj. R-squared:                  0.817
Method:                Least Squares   F-statistic:                     483.2
Date:               Mon, 04 Dec 2023   Prob (F-statistic):          2.24e-157
Time:                       22:22:30   Log-Likelihood:                 370.51
No. Observations:                434   AIC:                            -731.0
Df Residuals:                    429   BIC:                            -710.7
Df Model:                          4
Covariance Type:           nonrobust
================================================================================
                 coef    std err          t      P>|t|      [0.025      0.975]
--------------------------------------------------------------------------------
Intercept      0.9857      0.080     12.386      0.000       0.829       1.142
Lncg          -0.0019      0.010     -0.195      0.846      -0.021       0.017
Lfa            0.0091      0.006      1.569      0.117      -0.002       0.021
Gexp           0.2877      0.034      8.471      0.000       0.221       0.354
Urb            1.6545      0.075     22.124      0.000       1.508       1.801
================================================================================
Omnibus:                       9.997   Durbin-Watson:                   0.210
Prob(Omnibus):                 0.007   Jarque-Bera (JB):                5.552
Skew:                          0.008   Prob(JB):                       0.0623
Kurtosis:                      2.446   Cond. No.                         247.
================================================================================
```

图 8-10　加权最小二乘估计

作业

1. 参照本章示例,运用教育发展和影响教育发展水平的因素的研究的数据,建立多元线性回归模型,检验是否满足经典假定条件,给出不满足假定条件时的处理方法,形成最终的优化模型。

2. 下载民生银行 2002 年 1 月至 2022 年 12 月的收益数据,建立收益和影响收益因素之间的线性回归模型,完成各项检验,运用 Python 软件实现其分析过程。

9

ARMA 模型及 Python 应用

本章将介绍时间序列均值模型 ARMA 模型,并运用 Python 软件实现模型识别、检验、预测等。

9.1 模型简介

时间序列均值预测模型 ARMA 模型,是构建基于序列自身过去对当下平均影响的预测模型,可用于短期预测。

9.1.1 ARMA 模型

(1)模型条件分析。

ARMA 模型的建模条件是序列数据 y_t 是平稳序列,至少要是弱平稳序列。要求:$\{y_t\}$ 的均值,方差在时间过程上保持是常数,并且在任何两时期之间的协方差值仅依赖于该两时期间的距离或滞后,而不依赖于计算这个协方差的实际时间,则有:

$$E(y_t - u)(y_t - u) = \sigma^2 < \infty \tag{9-1}$$

$$E(y_t - u) = u \tag{9-2}$$

$$E(y_{t_1} - \mu)(y_{t_2} - \mu) = \gamma_{t_2 - t_1} \tag{9-3}$$

同时,ARMA 模型的扰动项要满足高斯白噪声过程。高斯白噪声指的是,如果时间序列 $\{y_t\}$ 是一个有限均值和有限方差的、独立同分布的随机变量序列,则称时间序列为白噪声。特别的,若时间序列还服从均值为 0,方差为常数的正态分布,则这个序列称为高斯白噪声,即满足:

$$E(y_t) = \mu \tag{9-4}$$

$$\mathrm{var}(y_t) = \sigma^2 \tag{9-5}$$

$$\gamma_{t-r} = \begin{cases} \sigma^2 & \text{若 } t = r \\ 0 & \text{若 } t \neq r \end{cases} \tag{9-6}$$

（2）随机序列 AR 模型。

若时间序列可表示为自身过去与当期扰动项的线性组合，则该序列可称为自回归（AR）模型，即：

$$y_t = \varphi_0 + \varphi_1 y_{t-1} + \cdots + \varphi_p y_{t-p} + \varepsilon_t \tag{9-7}$$

在式（9-7）中，ε_t 为高斯白噪声过程，φ_i 为待估计参数。

（3）MA 模型。

若模型可以表示为当下和过去若干项扰动因素的线性组合，则称模型为移动平均模型（MA），即：

$$y_t = c_0 + \varepsilon_t + \theta_1 \varepsilon_{t-1} + \cdots + \theta_q \varepsilon_{t-q} \tag{9-8}$$

在式（9-8）中，ε_t 为高斯白噪声过程，θ_i 为待估计参数。

（4）ARMA 模型。

若序列是自身过去若干项和随机扰动若干项的线性组合，则称其为

$$y_t = \varphi_1 y_{t-1} + \cdots + \varphi_p y_{t-p} + \varepsilon_t + \theta_1 \varepsilon_{t-1} + \cdots + \theta_q \varepsilon_{t-q} \tag{9-9}$$

9.1.2　模型自相关检验

（1）自相关函数 ACF。

自相关函数是检验序列和过去项之间相关程度的统计检验方法，可以揭示序列数据的结构和模式。其数学表达式为

$$\rho_l = \frac{\mathrm{Cov}(y_t, y_{t-l})}{\sqrt{\mathrm{var}(y_t)\,\mathrm{var}(y_{t-l})}} = \frac{\gamma_l}{\gamma_0} \tag{9-10}$$

我们可通过自相关函数识别滞后阶数：若序列为平稳数据，则 ACF 是呈指数级衰减的；若 ACF 在较大滞后阶数仍然显著不为零，则表明序列数据是非平稳的。但是，由于 ACF 受前期自相关的累积影响，具有拖尾性。

下面介绍具有截尾效应的偏自相关函数 PACF。

（2）偏自相关函数 PACF。

偏自相关函数是指在剔除了前 k-1 个随机变量干扰后，y_{t-k} 对 y_t 影响的相关度量。其数学表达为

$$\rho_{x_t, x_{t-k} \mid x_{t-1}, \cdots, x_{t-k+1}} = \frac{E\left[(y_t - \hat{E}y_t)(y_{t-k} - \hat{E}y_{t-k})\right]}{E\left[(y_{t-k} - \hat{E}y_{t-k})^2\right]} \tag{9-11}$$

9.1.3　模型平稳性检验

（1）特征根检验。

模型（9-7）对应的特征方程为

$$\lambda^p - \alpha_1 \lambda^{p-1} - \cdots - \alpha_{p-1} \lambda - \alpha_p = 0 \tag{9-12}$$

其根系数多项式为

$$\Phi(u) = 1 - \alpha_1 u - \alpha_2 u^2 - \cdots - \alpha_p u^p \tag{9-13}$$

AR(p)模型平稳的充要条件是它的 p 个特征根都在单位圆内。

根据特征根和自回归系数多项式的根成倒数的性质，等价判别条件是该模型的自回归系数多项式的根都在单位圆外。

（2）ADF 检验。

检验经济时间序列是否平稳,需要先检验单位根的存在。常用的检验单位根的方法是由 Dickey 和 Fuller（Fuller，1976；Dickey and Fuller，1979）提出的 Dickey-Fuller（DF）检验,即单位根检验。

其模型为

$$y_t = \phi y_{t-1} + u_t \tag{9-14}$$

其中, u_t 是随机误差项。

9.2 模型应用及 Python 实现

9.2.1 案例一

获取股票代码为 600848 的数据,并构建 ARMA 模型

第一步:导入财经数据并构建时间序列模型。

代码如下:

```
import tushare as ts
import matplotlib.pyplot as plt
import pandas as pd
indexdata = ts.get_k_data(code = ′sh′, start = ′2013-01-01′, end = ′2014-08-01′)#获取
数据
indexdata.index = pd.to_datetime(indexdata.date)#将数据处理为时间序列数据
close = indexdata.close#将收盘日数据指定为变量 close
close.head()
```

运行结果:

```
date
2013-01-04      2276.99
2013-01-07      2285.36
2013-01-08      2276.07
2013-01-09      2275.34
2013-01-10      2283.66
Name：close，dtype：float64
```

close.to_excel(′D:\金融\金融时间 xulie.xlsx′)#将数据存储到指定路径中。

第二步:数据差分处理。

代码如下:

```
closediff1 = close.diff(1)#求一阶差分
closediff2 = close.diff(2)#求二阶差分
rate = (close-close.shift(1))/close.shift(1)#计算收益率
data = pd.DataFrame()#将数据定义为数据结构类型
```

```
data['close'] = close
data['closediff1'] = closediff1
data['closediff2'] = closediff2
data['rate'] = rate
data = data.dropna( ) #剔除空值
fig = plt.figure(1, figsize = (16,4)) #指定画布大小
data['close'].plot( ) #绘制收盘数据时序图
plt.title('close')
fig = plt.figure(2, figsize = (16,4))
data['closediff1'].plot( ) #绘制一阶差分数据时序图
plt.title('closediff')
fig = plt.figure(3, figsize = (16,4))
data['closediff2'].plot(color = 'y') #绘制二阶差分时序图
plt.title('closediff2')
```

运行结果见图 9-1、图 9-2、图 9-3。

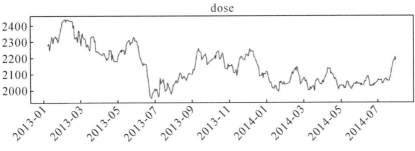

图 9-1　收盘数据

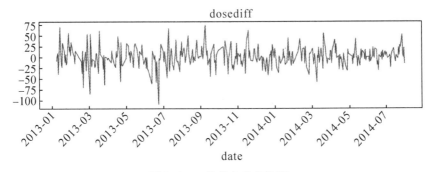

图 9-2　一阶差分收盘数据

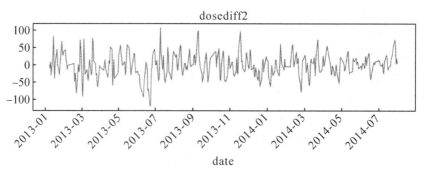

图 9-3　二阶差分收盘数据

第三步：相关性检验。

代码如下：

```
import numpy as np
import pandas as pd
import matplotlib.pyplot as plt
close1 = close-close.mean( )#去均值
plt.figure(figsize = (16,4))
close.plot( )
close1.plot( )
plt.legend( )
```

运行结果见图9-4。

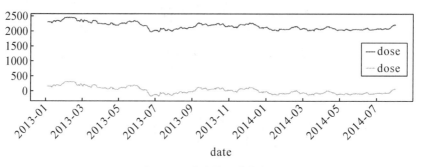

图 9-4　去均值后的数据

```
from scipy import stats
import statsmodels.api as sm
m = 10
acf,q,p = sm.tsa.acf(data['close'],nlags = m,qstat = True)    #acf
out = np.c_[range(1,11),acf[1:],q,p]
output = pd.DataFrame(out,columns = ['lag','AC','Q','P-value'])
output = output.set_index('lag')
Output
```

运行结果见图9-5。

lag	AC	Q	P-value
1.0	0.977016	364.649631	2.736264e-81
2.0	0.951390	711.338472	3.426206e-155
3.0	0.926487	1040.990163	2.306419e-225
4.0	0.903179	1355.099331	3.762710e-292
5.0	0.877278	1652.243495	0.000000e+00
6.0	0.853557	1934.289721	0.000000e+00
7.0	0.833148	2203.731714	0.000000e+00
8.0	0.810319	2459.297051	0.000000e+00
9.0	0.786565	2700.749322	0.000000e+00
10.0	0.761624	2927.745615	0.000000e+00

图 9-5　ACF 检验 a

m = 10

acf, q, p = sm.tsa.acf(data['rate'], nlags = m, qstat = True)

out = np.c_[range(1, 11), acf[1:], q, p]

output = pd.DataFrame(out, columns = ['lag', ''AC'', 'Q', 'P-value'])

output = output.set_index('lag')

output

运行结果见图 9-6。

lag	'AC'	Q	P-value
1.0	0.065258	1.626814	0.202144
2.0	-0.014282	1.704946	0.426359
3.0	-0.022427	1.898111	0.593821
4.0	0.009321	1.931564	0.748344
5.0	-0.050420	2.913066	0.713387
6.0	-0.067368	4.670052	0.586772
7.0	0.080340	7.175494	0.410839
8.0	0.012591	7.237201	0.511270
9.0	0.027481	7.531934	0.581914
10.0	0.079175	9.985005	0.441810

图 9-6　ACF 检验 b

```
rate1 = np.array(data['rate'])
model = sm.tsa.AR(rate1)
result1 = model.fit()
plt.figure(figsize=(10,4))
plt.plot(rate1,'b')
plt.plot(result1.fittedvalues,'r')
plt.legend()
```

运行结果见图9-7。

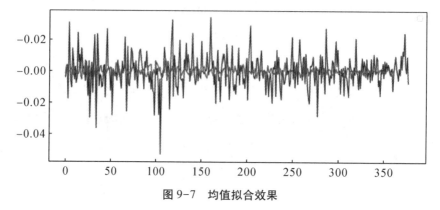

图9-7　均值拟合效果

```
fig = plt.figure(figsize=(20,5))
ax1 = fig.add_subplot(111)
fig = sm.graphics.tsa.plot_pacf(rate1,ax=ax1)
```

运行结果见图9-8。

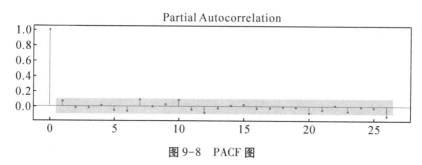

图9-8　PACF图

第四步:模型拟合。

代码如下:

```
delta = result1.fittedvalues
plt.figure(figsize=(13,4))
plt.plot(rate1[17:],label='original values')
plt.plot(delta)
plt.legend()
print(len(result1.roots))
```

运行结果见图9-9。

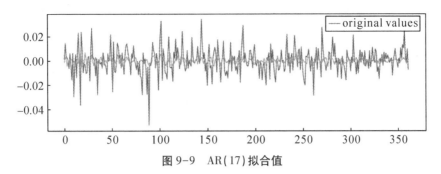

图 9-9　AR(17)拟合值

第五步:单位根检验。

数据模型是 17 阶的,下面用单位根检验判断数据平稳性。

代码如下:

```
pi,sin,cos=np.pi,np.sin,np.cos#调用 numpy 中的 pi,正弦函数,余弦函数
r=1
theta=np.linspace(0,2*pi,360)
x1=r*cos(theta)
y1=r*sin(theta)
plt.figure(figsize=(5,5))
plt.plot(x1,y1,'k')    #画单位圆
roots=1/result1.roots #计算特征方程的解。
for i in range(len(roots)):
    plt.plot(roots[i].real,roots[i].imag,'.r',markersize=8)#画特征根
plt.show()
```

运行结果见图 9-10。

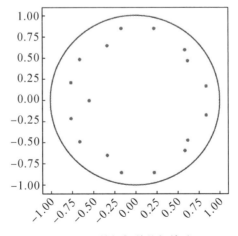

图 9-10　特征根单位根检验

由此判断,所有特征根都在单位圆内,序列为平稳序列。

现进行滞后阶数选择。

代码如下:

```
fig=plt.figure(figsize=(20,5))
```

ax1 = fig.add_subplot(111)#定义最大默认滞后阶数

fig = sm.graphics.tsa.plot_pacf(rate1, ax = ax1)#画 PACF 图

运行结果见图 9-11。

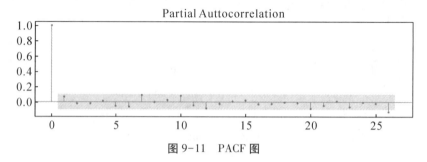

图 9-11　PACF 图

滞后阶数选择：

代码如下：

```
aicList = [ ]
bicList = [ ]
hqicList = [ ]
for i in range(1,11):
    order = (i,0)
    rate1Model = sm.tsa.ARMA(rate1,order).fit()
    aicList.append(rate1Model.aic)
    bicList.append(rate1Model.bic)
    hqicList.append(rate1Model.hqic)
plt.figure(figsize = (14,6))
plt.plot(aicList,'r',label = 'aic value')
plt.plot(bicList,'b',label = 'bic value')
plt.plot(hqicList,'k',label = 'hqic value')
plt.legend(loc = 0)
plt.plot(bicList,'b',label = 'bic value')
```

运行结果见图 9-12。

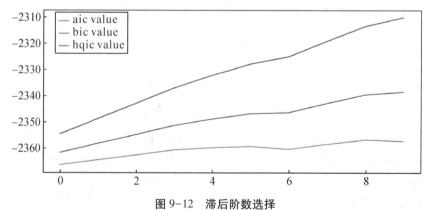

图 9-12　滞后阶数选择

第六步：拟合优度检测。

图示中，随着滞后阶数的增大，aic 值也在增大，且 1 阶的时候值最小，结合两种方法，选择滞后阶数为 1 阶。

残差序列的白噪声检验。

代码如下：

```
delta = result1. fittedvalues
plt.figure(figsize = (13,4))
plt.plot(rate1[17:],label = 'original values')
plt.plot(delta)
plt.legend()
acf,q,p = sm.tsa.acf(delta,nlags = 10,qstat = True)
out = np.c_[range(1,11),acf[1:],q,p]
output = pd.DataFrame(out,columns = ['lag','AC','A','P_value'])
output = output.set_index('lag')
Output
```

拟合优度预测。

```
score = 1-delta.var()/rate1[17:].var()
print(score)
0.9591725750489223
```

第七步：预测。

将原始数据分为训练集和预测集，并进行对比，看预测效果。

代码如下：

```
train = rate1[:-10]
test = rate1[-10:]
output = sm.tsa.AR(train).fit()
output.predict()
predicts = output.predict(355,364,dynamic = True)
print(len(predicts))
comp = pd.DataFrame()
comp['original'] = rate1[-10:]
comp['pridict'] = predicts
comp
```

运行结果见图 9-13。

	original	pridict
0	-0.002229	-0.001687
1	0.010222	-0.002190
2	0.001450	-0.000487
3	0.012783	0.000282
4	0.010237	0.001469
5	0.024142	-0.001095
6	0.002406	-0.000011
7	-0.000893	-0.000108
8	0.009316	0.000254
9	-0.007386	-0.000345

图 9-13　模型预测

9.2.2　案例二

获取上证数据,并构建开盘价构建时间序列模型。

第一步:安装本案例要用到的库资源。

本案例运用 tushare 库,获取数据。Tushare 库基于 Python 开源数据包接口,是提供股票、基金、期货等金融市场数据的获取接口。投资者可以通过该接口获取和分析金融市场的实时数据,帮助投资者制定更科学的投资策略。完成 tushare 的安装后,需要配置 tushare 的 token,这需要在 tushare 官网(https://tushare.pro/)注册账号,获取 token。用户可通过以下代码实现:

```
import tushare as ts
ts.set_token('your_token_here')
import numpy as np
import pandas as pd
import matplotlib.pyplot as plt
import tushare as ts
from scipy import stats
import statsmodels.api as sm
```

第二步:获取数据,并将数据存储到当地。

代码如下:

```
indexdata1 = ts.get_k_data(code = 'sh', start = '2017-01-01', end = '2020-08-01') #获取
数据:
indexdata1.head()
```

运行结果见图 9-14。

	date	open	close	high	low	volume	code
0	2017-01-03	3105.31	3135.92	3136.46	3105.31	141567187.0	sh
1	2017-01-04	3133.79	3158.79	3160.10	3130.11	167860850.0	sh
2	2017-01-05	3157.91	3165.41	3168.50	3154.28	174727645.0	sh
3	2017-01-06	3163.78	3154.32	3172.03	3153.03	183708966.0	sh
4	2017-01-09	3148.53	3171.24	3173.14	3147.74	171714075.0	sh

图 9-14　部分原始数据

indexdata1. to_excel('D：\金融\上证开盘.xlsx')　#将数据存储到指定路径中

open＝indexdata1. open

open.to_excel('D：\金融\上证开盘.xlsx')　#将数据存储到指定路径中

r2＝(open-open.shift(1))/open.shift(1)　#计算基于开盘的收益率

data＝pd.DataFrame()　　#定义数据结构

data['open']＝open　#将开盘数据指定为数据结构类型

data['r2']＝r2　#将收益数据指定为数据结构类型

data＝data.dropna()　#删除掉空字符数据

datar＝np.array(data['r2'])　　#将收益设置成时间序列数据

data['r2'].plot(figsize＝(14,5))　　#绘制收益时序图

运行结果见图 9-15。

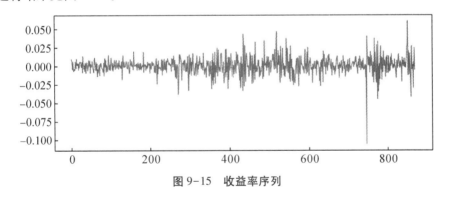

图 9-15　收益率序列

fig＝plt.figure(figsize＝(20,5))　#建一画布

ax2＝fig.add_subplot(111)　#子图

fig＝sm.graphics.tsa.plot_acf(datar,)　　#绘制收益时序数据的 acf 图

运行结果见图 9-16。

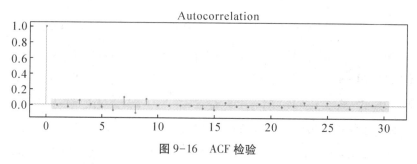

图 9-16　ACF 检验

第三步：模型构建并预测。

```
order=(0,10)　#定义 p,q
train=datar[:-10]　#训练样本集
test=datar[-10:]　#测试样本集
tmodel=sm.tsa.ARMA(train,order).fit()　#ARMA 模型
resid=tmodel.fittedvalues-train　#计算残差
sqr=1-resid.var()/train.var()　#计算可决系数
print(sqr)
```

输出结果为：

0.04503471739948406

可决系数远远小于 1，拟合效果不好。

第四步：ARMA 模型。

```
order=(3,3)　#定义 p,q
train=datar[:-10]　#训练样本集
test=datar[-10:]　#测试样本集
tmodel=sm.tsa.ARMA(train,order).fit()　#ARMA 模型
resid=tmodel.fittedvalues-train　#计算残差
sqr=1-resid.var()/train.var()　#计算可决系数
print(sqr)
```

运行结果为：

0.02381252621223129

模型拟合效果不理想。

第五步：单位根 ADF 检验。

```
data['open'].plot(figsize=(14,5))#绘制开盘数据时序图
```

运行结果见图 9-17。

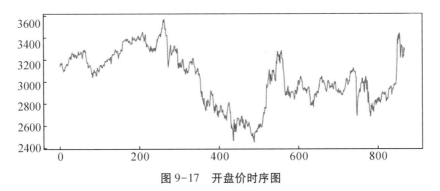

图 9-17　开盘价时序图

从时序图判定出数据为非平稳序列。

dataopen＝np.array(data['open'])　#数据设置为时序数据

unitt＝sm.tsa.stattools.adfuller(dataopen)　#单位根检验

outresult＝pd.DataFrame(index＝['Test Statistic Value','p-value','lags used''Number of Observations','Critical value(1%)','Critical value(5%)','Critical value(10%)',],columns＝['value'])　#单位根检验标签设定

outresult['value']['Test Statistic Value']＝unitt[0]　#标签和对应分析值

outresult['value']['p-value']＝unitt[1]#标签和对应分析值

outresult['value']['lags used']＝unitt[2]#标签和对应分析值

utresult['value']['Number of Observations']＝unitt[3]#标签和对应分析值

outresult['value']['Critical value(1%)']＝unitt[4]['1%']

outresult['value']['Critical value(5%)']＝unitt[4]['5%']

outresult['value']['Critical value(10%)']＝unitt[4]['10%']

Outresult

运行结果见图 9-18。

	value
Test Statistic Value	-2.03635
p-value	0.270866
lags usedNumber of Observations	NaN
Critical value(1%)	-3.43798
Critical value(5%)	-2.86491
Critical value(10%)	-2.56856

图 9-18　ADF 检验

value 为 0.27,接受原假设,即序列数据存在单位根,对数据做查分处理,继续检验查分处理后的数据平稳性检验。

import numpy as np

data2＝data['open']

dataopen＝np.array(data['open'])

```
opendiff = data2. diff( )
opendiff.plot(figsize = (15,5))
```
运行结果见图9-19。

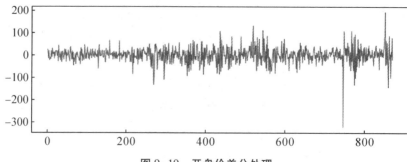

图9-19　开盘价差分处理

```
datadiff = np.array(opendiff)[1:]    #数据设置为时序数据
unitt1 = sm.tsa.stattools.adfuller(datadiff)    #单位根检验
outresult1 = pd.DataFrame(index = ['Test Statistic Value', 'p-value', 'lags used''Number
of Observations', 'Critical value(1%)', 'Critical value(5%)', 'Critical value(10%)',],
columns = ['value'])    #单位根检验标签设定
outresult1['value']['Test Statistic Value'] = unitt1[0] #标签和对应分析值
outresult1['value']['p-value'] = unitt1[1]#标签和对应分析值
outresult1['value']['lags used'] = unitt1[2]#标签和对应分析值
outresult1['value']['Number of Observations'] = unitt1[3]#标签和对应分析值
outresult1['value']['Critical value(1%)'] = unitt1[4]['1%']
outresult1['value']['Critical value(5%)'] = unitt1[4]['5%']
outresult1['value']['Critical value(10%)'] = unitt1[4]['10%']
outresult1
```
运行结果见图9-20。

	value
Test Statistic Value	-9.57113
p-value	2.28667e-16
lags usedNumber of Observations	NaN
Critical value(1%)	-3.43798
Critical value(5%)	-2.86491
Critical value(10%)	-2.56856

图9-20　差分数据单位根检验

由此判定数据为平稳序列。

第六步:ARIMA(p,d,q)阶数确定。

```
datadiff = np.array(opendiff)[1:]    #数据设置为时序数据
```

```
fig = plt.figure(figsize = (20,9))
ax3 = fig.add_subplot(111)
fig1 = sm.graphics.tsa.plot_acf(datadiff, lags = 20, ax = ax3)
```
运行结果见图 9-21。

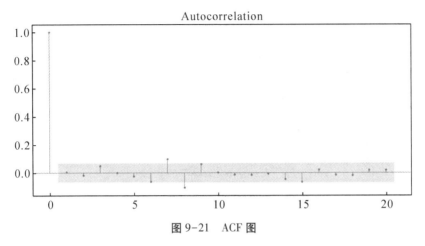

图 9-21　ACF 图

```
datadiff = np.array(opendiff)[1:]    #数据设置为时序数据
fig = plt.figure(figsize = (20,9))
ax4 = fig.add_subplot(111)
fig1 = sm.graphics.tsa.plot_pacf(datadiff, lags = 20, ax = ax4)
```
运行结果见图 9-22。

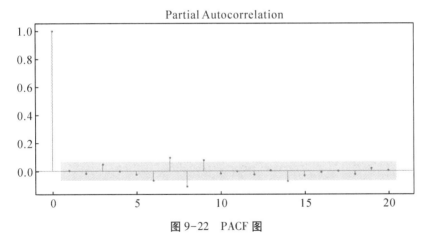

图 9-22　PACF 图

20 阶太高,用 AIC 准则调整滞后阶数。

第七步:ARIMA 模型构建。

选定阶数为(p,d,q) = (2,1,2)

```
order = (3,3)    #定义 p,q
train = datadiff[:-10]    #训练样本集
test = datadiff[-10:]    #测试样本集
tmodel = sm.tsa.ARMA(train, order).fit()    #ARMA 模型
```

```
resid=tmodel.fittedvalues-train      #计算残差
sqr=1-resid.var( )/train.var( )      #计算可决系数
print( sqr)
0.021532979244438644
order=(2,2)    #定义 p,q
train=datadiff[ :-10]      #训练样本集
test=datadiff[-10:]        #测试样本集
tmodel=sm.tsa.ARMA( train,order).fit( )      #ARMA 模型
resid=tmodel.fittedvalues-train      #计算残差
sqr=1-resid.var( )/train.var( )      #计算可决系数
print( sqr)
0.23678799669217376
```

作业

1. 搜集我国 2000 年 1 月至 2020 年的货币供应量(广义货币 M2)的月度时间数据,并对数据进行描述性分析,并对数据进行各项检验,建立合适的 ARMA(p,q) 或者 ARIMA(p,d,q)模型,并利用此模型进行数据的预测。

2. 搜集我国 2000 年至 2020 年经济发展数据,建立货币供应量和经济发展之间的实证模型。

10

ARCH 模型及 Python 应用

ARCH 模型(autoregessive conditonally heteroscedastic, ARCH),称为自回归条件异方差模型,它是金融市场中广泛应用的一种特殊非线性模型。Engle 在 1982 年研究英国通货膨胀率序列规律时提出 ARCH 模型。ARCH 模型的核心思想是残差项的条件方差依赖于它的前期值。1986 年,Bollerslev 在 Engle 的 ARCH 模型基础上对方差的表现形式进行了线性扩展,并形成了更为广泛的 GARCH 模型。后来,该类模型也得到了很大的发展,形成了如 EGARCH, IGARCH,GARCH-M 等模型。

10.1　ARCH 模型

10.1.1　ARCH 模型简介

在主模型,预测误测方差为

$$y_t = x'_t\phi + u_t, u_t \sim N(0, \sigma_t^2) \tag{10-1}$$

$$\text{var}(y_{t+1} | y_t) = E_t[(y_{t+1} - a_0 - a_1 y_t)^2] = E_t(u_{t+1})^2 \tag{10-2}$$

其条件方差为

$$E_t[(y_{t+1} - a_0 - a_1 y_t)^2] = E_t u_{t+1}^2 = \sigma^2 \tag{10-3}$$

当方差变化时:

$$\sigma_t^2 = \text{var}(y_t | I_{t-1}) = \alpha_0 + \alpha_1 u_{t-1}^2 + \alpha_2 u_{t-2}^2 + \cdots \alpha_p u_{t-p}^2 \tag{10-4}$$

ARCH 模型很好地刻画了其尖峰和厚尾特征,刻画了波动集聚性性质。ARCH 模型的缺点是无法度量其对称性,另外,其需要很高阶的 p,才能较好地拟合模型的波动性,这会增大计算量,同时模型估计中会出现其他的问题。为了解决高阶 p 的问题,学者对式(10-4)进行了改进,形成 GARCH 模型。

10.1.2　GARCH 模型简介

在 ARCH 模型基础上,为拟合扰动项波动,我们需要加入较长的扰动滞后项。为减

少参数个数,我们可通过加入波动滞后项的方式,达到较好的拟合波动的效果,即 GARCH(p,q):

$$\sigma_t^2 = \text{var}(y_t \mid I_{t-1}) = \alpha_0 + \sum_{i=1}^{p} \alpha_i u_{t-i}^2 + \sum_{j=1}^{q} \beta_j \alpha_{t-j}^2 \quad (10-5)$$

其中,u_{t-i}^2 为 ARCH 项,σ_{t-j}^2 为 GARCH 项,p 是 ARCH 项的阶数,q 是 GARCH 项阶数。α_i,β_j 是待估计参数。GARCH 模型有效解决了 p 阶数高的问题,但是对称性问题依然未解决。

10.1.3 TARCH 模型简介

TARCH 模型能有效解决冲击的非对称性,其模型设定如下:

$$\sigma_t^2 = \alpha_0 + \alpha_1 \times u_{t-1}^2 + \gamma \times u_{t-1}^2 d_{t-1} + \beta_1 \sigma_{t-1}^2 \quad (10-6)$$

$$d_{t-1} = \begin{cases} 1, u_{t-1} < 0 \\ 0, u_{t-1} \geqslant 0 \end{cases}$$

其中,d_{t-1} 是虚拟变量,该模型刻画的是好消息($u_{t-1} > 0$)带来的冲击以及坏消息($u_{t-1} < 0$)对波动影响的非对称性。

10.1.4 ARCH-LM 效应检验

ARCH-LM 是检验残差项中是否存在 ARCH 效应。

原假设:扰动项中不包含过去的信息,备择假设:扰动项包含过去的信息。构造 LM 统计量:

$$\text{LM} = TR^2 \sim \chi(p) \quad (10-7)$$

其中,T 为样本容量 R^2,主回归模型的可决系数。在给定显著性水平下,$\text{LM} < \chi^2(p)$ 时,接受原假设,否则,拒绝原假设。

10.2 ARCH 建模案例

ARCH 库是专门用于分析金融时间序列数据的库,提供了 ARCH 和 GARCH 模型的支持,该库为第三方库,使用前需要安装。

ARCH 库的安装命令如下:

! pip install arch   # Jupyter Untitled8

(1)本案例要用库资源导入。

代码如下:

```
from scipy import stats
import statsmodels.api as sm
import numpy as np
import pandas as pd
import matplotlib.pyplot as plt
import arch
```

```
import tushare as ts
```

（2）获取分析数据并存储到当地制定路径。

代码如下：

```
idata = ts.get_k_data(code = ´sh´, start = ´2014-01-01´, end = ´2017-01-01´)
close = idata.close
close.to_excel(´D：\金融\上证收盘 arch.xlsx´)
idata.index = pd.to_datetime(idata.date)
r3 = (close-close.shift(1))/close.shift(1)
data = pd.DataFrame()
data[´r3´] = r3
data = data.dropna()
datar3 = np.array(data[´r3´])
data[´r3´].plot(figsize = (15,5))
```

运行结果见图 10-1。

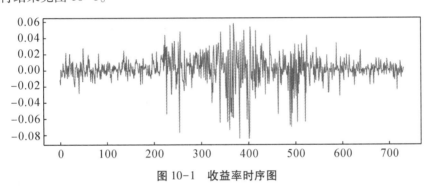

图 10-1　收益率时序图

（3）单位根检验。

代码如下：

```
unitt = sm.tsa.stattools.adfuller(datar3)    #单位根检验
outresult1 = pd.DataFrame(index = [´Test Statistic Value´, ´p-value´, ´lags used´´Number
of Observations´, ´Critical value(1%)´, ´Critical value(5%)´, ´Critical value(10%)´,],
columns = [´value´])    #单位根检验标签设定
    outresult1[´value´][´Test Statistic Value´] = unitt[0] #标签和对应分析值
    outresult1[´value´][´p-value´] = unitt[1]#标签和对应分析值
    outresult1[´value´][´lags used´] = unitt[2]#标签和对应分析值
    outresult1[´value´][´Number of Observations´] = unitt[3]#标签和对应分析值
    outresult1[´value´][´Critical value(1%)´] = unitt[4][´1%´]
    outresult1[´value´][´Critical value(5%)´] = unitt[4][´5%´]
    outresult1[´value´][´Critical value(10%)´] = unitt[4][´10%´]
outresult1
```

运行结果见图 10-2。

	value
Test Statistic Value	-6.56219
p-value	8.32774e-09
lags usedNumber of Observations	NaN
Critical value(1%)	-3.4395
Critical value(5%)	-2.86558
Critical value(10%)	-2.56892

图 10-2　单位根检验

检验结果说明序列为平稳序列,不存在单位根。

(4)构建 ARMA 模型。

代码如下:

fig = plt.figure(figsize = (20,5))

ax4 = fig.add_subplot(111)

fig = sm.graphics.tsa.plot_pacf(datar3,lags = 15,ax = ax4)

运行结果见图 10-3。

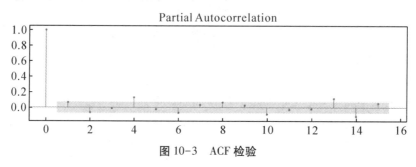

图 10-3　ACF 检验

order = (3,3)　#定义 p,q

train = datar3[:-10]　#训练样本集

test = datar3[-10:]　　#测试样本集

tmodel = sm.tsa.ARMA(train,order).fit( )　#ARMA 模型

resid = tmodel.fittedvalues-train　#计算残差

sqr = 1-resid.var( )/train.var( )　#计算可决系数

print(sqr)

0. 053081642085743286

order = (1,1)　#定义 p,q

train = datar3[:-10]　#训练样本集

test = datar3[-10:]　　#测试样本集

```
tmodel = sm.tsa.ARMA(train,order).fit()    #ARMA 模型
resid = tmodel.fittedvalues-train    #计算残差
sqr = 1-resid.var()/train.var()    #计算可决系数
print(sqr)
0.006393204976845035
```

（5）Arch 效应检验。

代码如下：

```
order = (3,3)
mod = sm.tsa.ARMA(datar3,order).fit()
res = datar3-mod.fittedvalues
resids = np.square(datar3-mod.fittedvalues)
plt.figure(figsize = (10,5))
plt.subplot(211)
plt.plot(res,label = 'res')
plt.legend()
plt.subplot(212)
plt.plot(resids,label = 'resids')
plt.legend(loc = 0)
```

运行结果见图 10-4。

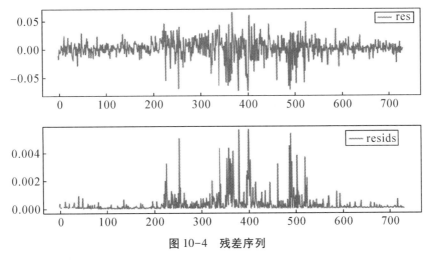

图 10-4　残差序列

ARCH 效应检验：原假设，残差序列中不存在相关性

```
acf,q,p = sm.tsa.acf(resids,nlags = 10,qstat = True)
out = np.c_[range(1,11),acf[1:],q,p]
output = pd.DataFrame(out,columns = ['lag','AC','Q','P_value'])
output = output.set_index('lag')
output
```

运行结果见图 10-5。

	AC	Q	P_value
lag			
1.0	0.236956	41.269047	1.326529e-10
2.0	0.310317	112.144305	4.448091e-25
3.0	0.290772	174.458393	1.387061e-37
4.0	0.234883	215.175616	2.046396e-45
5.0	0.219364	250.738890	3.815742e-52
6.0	0.121240	261.617253	1.347156e-53
7.0	0.138948	275.925146	8.304747e-56
8.0	0.110529	284.991220	6.417575e-57
9.0	0.112933	294.469064	3.887056e-58
10.0	0.127130	306.496246	6.576042e-60

图 10-5　ARCH 效应检验

p 值小于显著性水平,拒绝原假设,存在 ARCH 效应。

(6)ARCH 模型构建。

先确定 ARCH 模型阶数。

代码如下:

fig = plt.figure(figsize = (20,5))

ax = fig.add_subplot(111)

fig = sm.graphics.tsa.plot_pacf(resids,lags = 20,ax = ax)

运行结果见图 10-6。

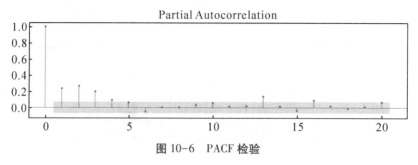

图 10-6　PACF 检验

初步判定为滞后 4 阶。

train = data[:-10]

test = data[-10:]

am = arch.arch_model(train,mean = ´AR´,lags = 8,vol = ´ARCH´,p = 4)

amres = am.fit( )

运行结果见图 10-7 和图 10-8。

```
Iteration:      1,   Func. Count:      16,   Neg. LLF: 587008223.6208584
Iteration:      2,   Func. Count:      38,   Neg. LLF: 144675.5812224359
Iteration:      3,   Func. Count:      57,   Neg. LLF: 13003.894115305411
Iteration:      4,   Func. Count:      75,   Neg. LLF: 185119.7708418062
Iteration:      5,   Func. Count:      93,   Neg. LLF: 2446.392355280529
Iteration:      6,   Func. Count:     110,   Neg. LLF: -1750.1248298382975
Iteration:      7,   Func. Count:     126,   Neg. LLF: 534691.954682456
Iteration:      8,   Func. Count:     144,   Neg. LLF: 170664.1172873551
Iteration:      9,   Func. Count:     162,   Neg. LLF: -863.7671886077651
Iteration:     10,   Func. Count:     180,   Neg. LLF: 2341715.9569951594
Iteration:     11,   Func. Count:     198,   Neg. LLF: -1522.9590337585482
Iteration:     12,   Func. Count:     215,   Neg. LLF: 793334.9808994776
Iteration:     13,   Func. Count:     237,   Neg. LLF: 2243.833813057531
Iteration:     14,   Func. Count:     255,   Neg. LLF: 1621060.8033705542
Iteration:     15,   Func. Count:     274,   Neg. LLF: 86331.47285535686
Iteration:     16,   Func. Count:     296,   Neg. LLF: 19155.80521026464
Iteration:     17,   Func. Count:     314,   Neg. LLF: 8438.205781898421
Iteration:     18,   Func. Count:     334,   Neg. LLF: 6855972.5161559405
Iteration:     19,   Func. Count:     356,   Neg. LLF: 13901.841515045371
Iteration:     20,   Func. Count:     376,   Neg. LLF: 2059.783225673257
Iteration:     21,   Func. Count:     395,   Neg. LLF: 17278.416516418747
Iteration:     22,   Func. Count:     412,   Neg. LLF: -1992.0554346724514
Optimization terminated successfully    (Exit mode 0)
            Current function value: -1992.0554344708544
            Iterations: 26
            Function evaluations: 412
            Gradient evaluations: 22
```

Dep. Variable:		r3	R-squared:	0.005
Mean Model:		AR	Adj. R-squared:	-0.006
Vol Model:		ARCH	Log-Likelihood:	1992.06
Distribution:		Normal	AIC:	-3956.11
Method:	Maximum Likelihood		BIC:	-3892.12
			No. Observations:	714
Date:	Mon, Dec 11 2023		Df Residuals:	705
Time:	11:19:17		Df Model:	9

	coef	std err	t	P>|t|	95.0% Conf. Int.
Const	1.1439e-03	4.949e-04	2.311	2.083e-02	[1.738e-04,2.114e-03]
r3[1]	0.0919	5.118e-02	1.796	7.249e-02	[-8.391e-03, 0.192]
r3[2]	-0.0869	5.519e-02	-1.575	0.115	[-0.195,2.124e-02]
r3[3]	-0.0675	5.407e-02	-1.249	0.212	[-0.174,3.846e-02]
r3[4]	2.5982e-03	7.378e-02	3.522e-02	0.972	[-0.142, 0.147]
r3[5]	4.4013e-03	5.165e-02	8.522e-02	0.932	[-9.682e-02, 0.106]
r3[6]	-0.1001	5.557e-02	-1.802	7.149e-02	[-0.209,8.759e-03]
r3[7]	-0.0472	4.717e-02	-1.001	0.317	[-0.140,4.521e-02]
r3[8]	0.0198	4.621e-02	0.429	0.668	[-7.074e-02, 0.110]

图 10-7　AR 主模型

	coef	std err	t	P>|t|	95.0% Conf. Int.
omega	9.0526e-05	1.694e-05	5.344	9.078e-08	[5.733e-05,1.237e-04]
alpha[1]	0.1487	0.261	0.570	0.569	[-0.363, 0.661]
alpha[2]	0.2702	0.102	2.656	7.908e-03	[7.080e-02, 0.470]
alpha[3]	0.1775	7.455e-02	2.381	1.728e-02	[3.136e-02, 0.324]
alpha[4]	0.1487	0.123	1.209	0.227	[-9.246e-02, 0.390]

图 10-8 ARCH 模型拟合

模型整体拟合情况及预测,结果见图 10-9。

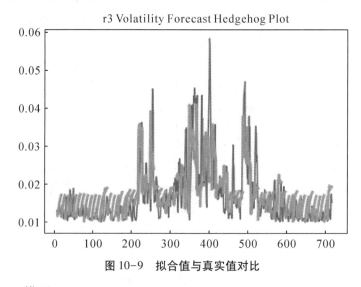

图 10-9 拟合值与真实值对比

(7)GARCH 模型。

代码如下:

```
train=datar3[:-10]
test=datar3[-10:]
am1=arch.arch_model(train,mean='AR',lags=8,vol='GARCH')
am1res=am1.fit()
```

运行结果见图 10-10。

```
Iteration:      1,    Func. Count:    14,    Neg. LLF: 9.392049480796992e+17
Iteration:      2,    Func. Count:    34,    Neg. LLF: 112537693277.79323
Optimization terminated successfully    (Exit mode 0)
             Current function value: -2025.351285098886
             Iterations: 2
             Function evaluations: 44
             Gradient evaluations: 2
```

AR - GARCH Model Results

Dep. Variable:	y	**R-squared:**	0.037
Mean Model:	AR	**Adj. R-squared:**	0.026
Vol Model:	GARCH	**Log-Likelihood:**	2025.35
Distribution:	Normal	**AIC:**	-4026.70
Method:	Maximum Likelihood	**BIC:**	-3971.85
		No. Observations:	714
Date:	Mon, Dec 11 2023	**Df Residuals:**	705
Time:	15:56:50	**Df Model:**	9

Mean Model

	coef	std err	t	P>|t|	95.0% Conf. Int.
Const	7.5835e-04	4.175e-04	1.817	6.928e-02	[-5.985e-05,1.577e-03]
y[1]	0.0747	3.624e-02	2.060	3.938e-02	[3.633e-03, 0.146]
y[2]	-0.0389	4.463e-02	-0.872	0.383	[-0.126,4.854e-02]
y[3]	-0.0250	4.329e-02	-0.578	0.564	[-0.110,5.985e-02]
y[4]	0.1228	3.867e-02	3.176	1.495e-03	[4.702e-02, 0.199]
y[5]	-0.0129	4.363e-02	-0.296	0.767	[-9.843e-02,7.260e-02]
y[6]	-0.0678	3.808e-02	-1.780	7.507e-02	[-0.142,6.850e-03]
y[7]	0.0325	3.958e-02	0.821	0.412	[-4.509e-02, 0.110]
y[8]	0.0681	3.949e-02	1.724	8.468e-02	[-9.312e-03, 0.145]

Volatility Model

	coef	std err	t	P>|t|	95.0% Conf. Int.
omega	6.0723e-06	2.082e-11	2.917e+05	0.000	[6.072e-06,6.072e-06]
alpha[1]	0.1000	1.802e-02	5.549	2.866e-08	[6.468e-02, 0.135]
beta[1]	0.8800	1.506e-02	58.418	0.000	[0.850, 0.910]

图 10-10　GARCH 模型

am1res.params

Const	0.000758
y[1]	0.074662
y[2]	−0.038933
y[3]	−0.025000
y[4]	0.122808
y[5]	−0.012911

y[6]	−0.067781
y[7]	0.032477
y[8]	0.068092
omega	0.000006
alpha[1]	0.100000
beta[1]	0.880000

am1res.plot( )

运行结果见图 10-11。

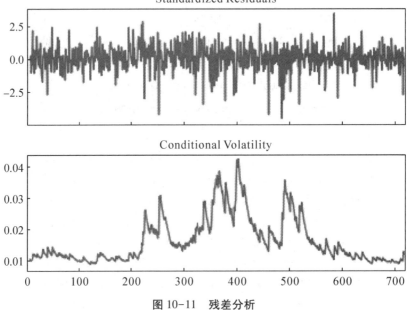

图 10-11　残差分析

(8)GARCH 模型拟合。

先提取均值方程系数向量。

代码如下：

```
ini=am1res.resid[-8:]
a=np.array(am1res.params[1:9])
w=a[::-1]
for i in range(10):
    new=test[i]-(am1res.params[0])+w.dot(ini[-8:])
    ini=np.append(ini,new)
print(len(ini))
at_pre=ini[-10:]
at_pre2=at_pre**2
at_pre2
```

18

array([2.46997603e-06, 2.10963380e-05, 7.67787174e-05, 5.84911459e-10,

1.04967616e-04, 7.04161069e-07, 3.88772222e-06, 1.79956224e-05,

2.60764079e-05, 2.95480046e-06])

ini2 = am1res.conditional_volatility[-2:]

for i in range(10):

  new = 0.000006 * +0.100000 * at_pre2+ 0.880000 * ini2[-1]

  ini2 = np.append(ini2, new)

vol_pre = ini2[-10:]

vol_pre

array([0.00312393, 0.00312393, 0.00312393, 0.00312393, 0.00312393,

  0.00312393, 0.00312393, 0.00312393, 0.00312393, 0.00312393])

然后将估计数据和预测数据结合起来,绘图。

plt.figure(figsize=(15,5))

plt.plot(datar3, label='original data')

plt.plot(am1res.conditional_volatility, label='predict data')

x = range(721,731)

plt.plot(x, vol_pre, '.r', label='predict volatility')

plt.legend(loc=0)

运行结果见图10-12。

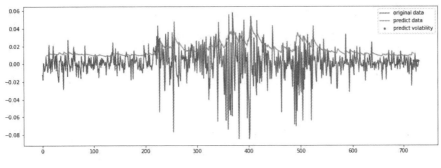

图 10-12　模型预测

作业

1. 分析书后附表二中两个城市的人均 GDP 之间是否存在线性相关性,若存在显著的线性相关性,建立回归模型;检验模型拟合效果,并进行说明;检验模型是否存在异方差性,若存在异方差性,给出解决异方差性的具体处理方法。

2. 对于书后附表三中的数据,对 A 股指数和 B 股指数进行描述性统计分析,给出基本判断。选择 A 股指数,建立 ARMA 预测模型,选择 B 股指数建立 GARCH 模型。

11 | 综合案例研究：用户消费行为数据分析

11.1 案例简介

用户消费行为数据来源：淘宝，金融理财产品，物流行业订单，京东，顺丰速运，快药叮当等。

用户消费行为分析目的：通过分析消费数量、频率、规模、交易金额、交易时间等发现其消费规律与走势，制定相应的营销策略，提升企业的盈利能力。

下面以某电商网页的 cd 购买数据为案例进行分析。

用户消费行为特征见图 11-1。

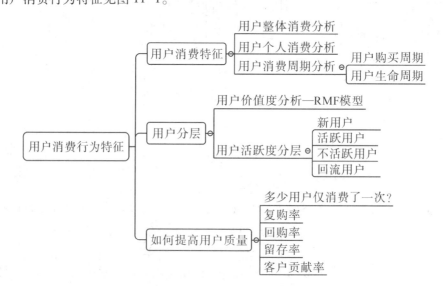

图 11-1 用户消费行为特征

11.2 初步分析

11.2.1 数据导入

数据是 txt 格式的数据,存储路径为:D:\CDNOW_master.txt

打开数据。

代码如下:

第一列:用户 ID,第二列:时间,第三列:购买产品数量,第四列:金额。

user_id:用户名,order_dt:购买日期,order_pruducts:某买产品数量,oder_amount:购买金额

#数据时间:1997 年 1 月至 1998 那年 6 月用户行为数据,约 6 万条

```python
import numpy as np
import pandas as pd
import matplotlib.pyplot as plt
from datetime import datetime
%matplotlib inline
plt.style.use('ggplot')    #R 编程语言绘图库的风格
#导入数据
#数据无列头,定义一个列头
#sep='\s+':匹配任意空格
colums=['user_id','order_dt','order_products','order_amount']
df=pd.read_table(r'D:\CDNOW_master.txt',names=colums,sep='\s+')
df
```

运行结果见图 11-2。

```
00001 19970101  1   11.77
00002 19970112  1   12.00
00002 19970112  5   77.00
00003 19970102  2   20.76
00003 19970330  2   20.76
00003 19970402  2   19.54
00003 19971115  5   57.45
00003 19971125  4   20.96
00003 19980528  1   16.99
00004 19970101  2   29.33
00004 19970118  2   29.73
00004 19970802  1   14.96
00004 19971212  2   26.48
00005 19970101  2   29.33
```

图 11-2 部分 txt 格式数据

观察数据发现：一是时间日期的格式需要转换；另外存在同一个用户一天购买多次的行为。因此分析数据前，需要对数据做相应的转换处理（见图11-3）。

df.describe( )

	user_id	order_dt	order_products	order_amount
0	1	19970101	1	11.77
1	2	19970112	1	12.00
2	2	19970112	5	77.00
3	3	19970102	2	20.76
4	3	19970330	2	20.76
...	...	...	...	...
69654	23568	19970405	4	83.74
69655	23568	19970422	1	14.99
69656	23569	19970325	2	25.74
69657	23570	19970325	3	51.12
69658	23570	19970326	2	42.96

69659 rows × 4 columns

图 11-3　初步规范数据

观察分析数据。描述统计指标（见图11-4）显示：

用户平均每笔订单数量2.4个，标准差2.3，数据相对稳定。结合平均数，四分位数，中位数判断，订单总体数总体偏低，数据呈现左偏特征。

购买额度为36元左右，结合平均数，四分位数，中位数判断，数据左偏，总体消费金额偏低。

df.info( )

	user_id	order_dt	order_products	order_amount
count	69659.000000	6.965900e+04	69659.000000	69659.000000
mean	11470.854592	1.997228e+07	2.410040	35.893648
std	6819.904848	3.837735e+03	2.333924	36.281942
min	1.000000	1.997010e+07	1.000000	0.000000
25%	5506.000000	1.997022e+07	1.000000	14.490000
50%	11410.000000	1.997042e+07	2.000000	25.980000
75%	17273.000000	1.997111e+07	3.000000	43.700000
max	23570.000000	1.998063e+07	99.000000	1286.010000

图 11-4　数据描述统计特征

观察数据基础信息：没有空值数据，数据量69659，时间数据类型为整数型，需要将其转换为时间数据类型（见图11-5）。

```
<class 'pandas.core.frame.DataFrame'>
RangeIndex: 69659 entries, 0 to 69658
Data columns (total 4 columns):
 #   Column          Non-Null Count  Dtype
---  ------          --------------  -----
 0   user_id         69659 non-null  int64
 1   order_dt        69659 non-null  int64
 2   order_products  69659 non-null  int64
 3   order_amount    69659 non-null  float64
dtypes: float64(1), int64(3)
memory usage: 2.1 MB
```

图 11-5 数据类型

11.2.2 数据预处理

(1)时间数据转换。

代码如下:

df['order_date'] = pd.to_datetime(df['order_dt'], format = '%Y%m%d')

df.head()

format:按照指定的格式匹配要转换的数据列

%Y:四位数的年份数据,如 2021

%m:两位数的月份数据,如 02 月

%d:两位数的日期数据,如 21 日

%y:两位数的年份,如 21 年

%h:两位数的小时,如,09

%M:两位数的分钟,如 15 分

%s:两位数的秒

运行结果见图 11-6。

	user_id	order_dt	order_products	order_amount	order_date
0	1	19970101	1	11.77	1997-01-01
1	2	19970112	1	12.00	1997-01-12
2	2	19970112	5	77.00	1997-01-12
3	3	19970102	2	20.76	1997-01-02
4	3	19970330	2	20.76	1997-03-30

图 11-6 处理成时间格式数据

df.info()

已将整数型的时间数据转换为时间类型的数据(见图 11-7)。

```
<class 'pandas.core.frame.DataFrame'>
RangeIndex: 69659 entries, 0 to 69658
Data columns (total 5 columns):
 #   Column          Non-Null Count   Dtype
---  ------          --------------   -----
 0   user_id         69659 non-null   int64
 1   order_dt        69659 non-null   int64
 2   order_products  69659 non-null   int64
 3   order_amount    69659 non-null   float64
 4   order_date      69659 non-null   datetime64[ns]
dtypes: datetime64[ns](1), float64(1), int64(3)
memory usage: 2.7 MB
```

图 11-7　处理后数据类型

（2）将日时间数据转换为月度数据。

再观察精确到日的数据。但是如果想要关注月份数据,可将一月份后面的所有日期数据都转化为当月份的数据,从而将数据进一步转化为精度为月份的数据。

df['month']=df['order_date'].astype('datetime64[M]')#为控制转换后的月精度

df

运行结果见图 11-8。

	user_id	order_dt	order_products	order_amount	order_date	month
0	1	19970101	1	11.77	1997-01-01	1997-01-01
1	2	19970112	1	12.00	1997-01-12	1997-01-01
2	2	19970112	5	77.00	1997-01-12	1997-01-01
3	3	19970102	2	20.76	1997-01-02	1997-01-01
4	3	19970330	2	20.76	1997-03-30	1997-03-01
...	...	...	...	...	...	...
69654	23568	19970405	4	83.74	1997-04-05	1997-04-01
69655	23568	19970422	1	14.99	1997-04-22	1997-04-01
69656	23569	19970325	2	25.74	1997-03-25	1997-03-01
69657	23570	19970325	3	51.12	1997-03-25	1997-03-01
69658	23570	19970326	2	42.96	1997-03-26	1997-03-01

69659 rows × 6 columns

图 11-8　转化为月份数据

11.2.3　数据分析

（1）按照月份分析整体的消费情况:购买数量,购买金额,消费次数,消费人数,即统计按照月份进行分组汇总的数据与信息。

通过绘制图表的形式实现上述功能。

代码如下:

plt.figure(figsize=(20,15))#单位是英寸

输出购买数量

#每月产品购买数量

plt.subplot(221)#两行两列第一个位置

df.groupby(by='month')['order_products'].sum().plot()

plt.title('totle amounts')

运行结果见图11-9。

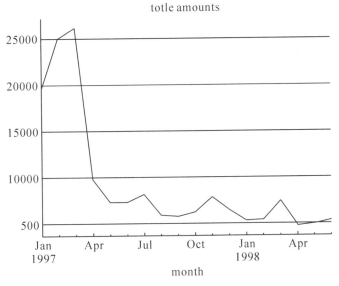

图11-9　按月统计购买量

输出消费金额。代码如下：

plt.figure(figsize=(20,15))#单位是英寸

#每月产品购买数量

plt.subplot(221)#两行两列第一个位置

df.groupby(by='month')['order_products'].sum().plot()

plt.title('totle amounts')

#每月消费金额数据

plt.subplot(222)#两行两列第二个位置

df.groupby(by='month')['order_amount'].sum().plot()

plt.title('totle fee')

运行结果见图11-10。

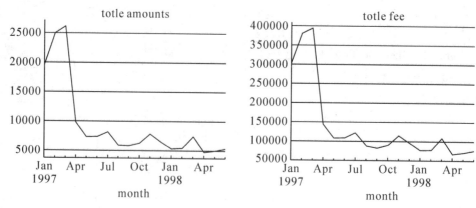

图 11-10　消费金额和消费令

输出月消费次数。代码如下：

plt.figure(figsize=(20,15))#单位是英寸

#每月产品购买数量

plt.subplot(221)#两行两列第一个位置

df.groupby(by='month')['order_products'].sum().plot()

plt.title('totle amounts')

#每月消费金额数据

plt.subplot(222)#两行两列第一个位置

df.groupby(by='month')['order_amount'].sum().plot()

plt.title('totle fee')

#每月消费次数

plt.subplot(223)#两行两列第三个位置

df.groupby(by='month')['order_amount'].count().plot()

plt.title('totle user')

运行结果见图 11-11。

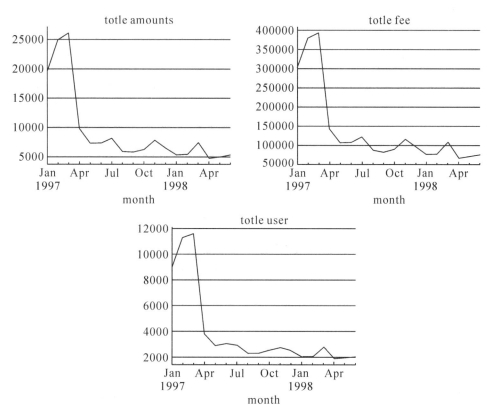

图 11-11　叠加消费次数

（2）输出用户数量。

注意，在输出用户数量时，我们观测数据会发现一个用户会有多次的购买行为，因此，在绘图之前，我们要先做该列数据的去重处理。

去重处理。代码如下：

```
Apply(lambda x:x.drop_duplicates())
```

去重处理后再统计数据个数，即总去重数据的数据长度。

总体代码实现如下：

```
plt.figure(figsize=(20,15))#单位是英寸
#每月产品购买数量
plt.subplot(221)#两行两列第一个位置
df.groupby(by='month')['order_products'].sum().plot()
plt.title('totle amounts')
#每月消费金额数据
plt.subplot(222)#两行两列第一个位置
df.groupby(by='month')['order_amount'].sum().plot()
plt.title('totle fee')
#每月消费次数
plt.subplot(223)#两行两列第一个位置
df.groupby(by='month')['order_amount'].count().plot()
```

plt.title(´totle times´)

#每月消费人数(要根据 user_id 进行去重统计,然后再计算)

plt.subplot(224)#两行两列第一个位置

df.groupby(by = ´month´)[´order_amount´].apply(lambda x: len(x.drop_duplicates())).plot()

plt.title(´totle user´)

运行结果见图 11-12。

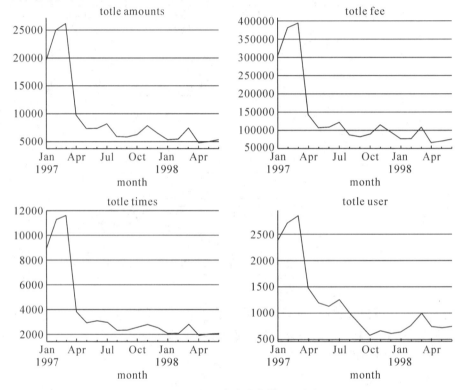

图 11-12　按月统计消费情况总数据

(3)用户个体消费分析。

①用户消费金额,消费次数(产品数量)。

首先,观察用户数据按照用户 id 划分的总体的数据特征。

代码如下:

user_grouped = df.groupby(by = ´user_id´).sum()

print(user_grouped.describe())

print(´用户数量: ´,len(user_grouped))

运行结果见图 11-13。

	order_dt	order_products	order_amount
count	2.357000e+04	23570.000000	23570.000000
mean	5.902627e+07	7.122656	106.080426
std	9.460684e+07	16.983531	240.925195
min	1.997010e+07	1.000000	0.000000
25%	1.997021e+07	1.000000	19.970000
50%	1.997032e+07	3.000000	43.395000
75%	5.992125e+07	7.000000	106.475000
max	4.334408e+09	1033.000000	13990.930000

用户数量: 23570

图 11-13　案 ID 分类的数据特征

去重后数据量变为 23 750。

数据显示:平均每个用户购买 7 张 cd,中位数为 3,平均值大于中位数,数据右偏,证明少量用户购买了较多量的 cd,导致数据平均数偏大。消费者平均购买 cd 的差异也比较大,从而进一步佐证了:少量用户购买大量 cd,导致数据差异增大。平均消费金额为 106,结合分位数和极值判定,平均消费金额也呈现右偏分布,个别的大客户整体上拉大了平均的消费金额。

②绘制产品购买量与消费金额的关系图(散点图)。

代码如下:

df.plot(kind = ´scatter´,x = ´order_products´,y = ´order_amount´)

运行结果见图 11-14。

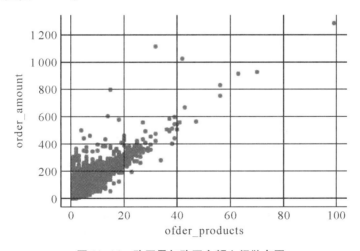

图 11-14　购买量与购买金额之间散点图

总体上,用户消费金额和购买量呈现线性趋势,均价是 15 元左右。观察数据增长趋势对应的斜率:大致为 600/40 = 15,即平均单价是 15 元。观察发现存在极值点,但是极值点的个数比较少,少于 10 个(消费金额大于 1 000 或者购买量大于 60 的称之为极值点),极值点对总数据的影响不大,可以忽略不计。

③用户消费分布图(用直方图显示)。

代码如下:

plt.figure(figsize = (12,4))

plt.subplot(121)

plt.xlabel('ave amount')

df['order_amount'].plot(kind='hist', bins=30)

其中

Bins:区间分数,影响柱状图的宽度。

运行结果见图11-15。

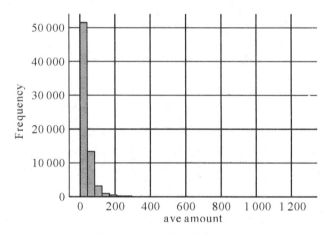

图11-15　用户消费直方图

柱状宽度:(列最大值-最小值)/bins

柱状图显示:消费金额小于100的人数所占比例最高,大部分客户群体是中低端客户。

求出用户购买数量的分布图。代码如下:

plt.figure(figsize=(12,4))

plt.subplot(121)

plt.xlabel('ave amount')

df['order_amount'].plot(kind='hist', bins=30)

#用户购买数量的分布图

plt.subplot(122)

plt.xlabel('ave products')

df.groupby(by='user_id')['order_products'].sum().plot(kind='hist', bins=40)

运行结果见图11-16。

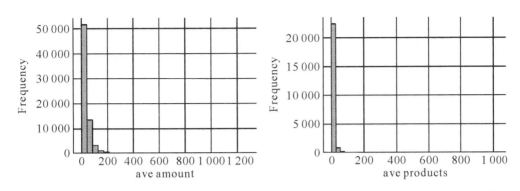

图 11-16　购买量与购买规模对比的直方图

图 11-17 显示:平均购买数量小于 50 的用户占了绝大部分的比重,购买数量较大的人数占比非常低。客户主要是小客户且消费金额偏低的客户群体(主要为散户)。

④用户累计消费金额占比分析(用户贡献度)。

进行用户分组,得到每个用户的消费金额,并进行求和汇总,得到每个用户消费的总金额,再对数据进行排序,得到用户累计金额占比分析数据。

代码如下:

user_cumsum = df.groupby(by = ´user_id´) [´order_amount´].sum( ).sort_values( ).reset_

index( )

user_cumsum

运行结果见图 11-17。

	user_id	order_amount
0	10175	0.00
1	4559	0.00
2	1948	0.00
3	925	0.00
4	10798	0.00
...	...	...
23565	7931	6497.18
23566	19339	6552.70
23567	7983	6973.07
23568	14048	8976.33
23569	7592	13990.93

23570 rows × 2 columns

图 11-17　累计消费数据

数据显示出了用户的消费累计及排序状态。

⑤贡献度计算。

前若干个用户占总金额的比重,即是贡献度,因此,计算贡献度,需要计算累加求和。

数据累计求和计算举例代码如下：

a=[2,3,4,5,6,7]

b=np.cumsum(a)

b

array([2,5,9,14,20,27],dtype=int32)

构造一个累加金额的列数据，再除以该列数据的最大值，即可得到贡献度数据列。

user_cumsum['amount_cumsum']=user_cumsum['order_amount'].cumsum()

user_cumsum

运行结果见图11-18。

	user_id	order_amount	amount_cumsum
0	10175	0.00	0.00
1	4559	0.00	0.00
2	1948	0.00	0.00
3	925	0.00	0.00
4	10798	0.00	0.00
...	...	...	...
23565	7931	6497.18	2463822.60
23566	19339	6552.70	2470375.30
23567	7983	6973.07	2477348.37
23568	14048	8976.33	2486324.70
23569	7592	13990.93	2500315.63

23570 rows × 3 columns

图11-18　自下而上累加金额

（4）消费金额总额。

代码如下：

amount_total=user_cumsum['amount_cumsum'].max()

user_cumsum['prop']= user_cumsum.apply(lambda x:x['amount_cumsum']/amount_total,axis=1)

user_cumsum

运行结果见图11-19。

	user_id	order_amount	amount_cumsum	prop
0	10175	0.00	0.00	0.000000
1	4559	0.00	0.00	0.000000
2	1948	0.00	0.00	0.000000
3	925	0.00	0.00	0.000000
4	10798	0.00	0.00	0.000000
...	...	...	...	...
23565	7931	6497.18	2463822.60	0.985405
23566	19339	6552.70	2470375.30	0.988025
23567	7983	6973.07	2477348.37	0.990814
23568	14048	8976.33	2486324.70	0.994404
23569	7592	13990.93	2500315.63	1.000000

图 11-19　消费金额总额

#axis：数据按行计算和陈列

user_cumsum［´prop´］.plot( )

运行结果见图 11-20。

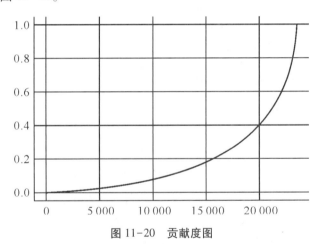

图 11-20　贡献度图

横坐标代表用户数量；纵坐标是贡献度。前 20 000 名用户贡献了 40% 的金额，剩下的 3 570 个用户贡献了 60% 的金额。这意味着少部分用户贡献了绝大多数的消费金额（20% 的人群消费 80% 的产品）。

（5）用户消费行为。

①首次购物时间。

先进行分析：对用户进行分组，统计订单日期，取日期的最小值，即首次购买时间；再反映首次购买时间的用户量的分布特征。

例如，用户 A，1997 年 1 月 1 日，用户 B1997 年 1 月 1 日，则首次购买的用户量为 2。

代码如下：

df.groupby(by＝´user_id´)［´order_date´].min( )

运行结果见图 11-21。

```
Out[12]: user_id
         1        1997-01-01
         2        1997-01-12
         3        1997-01-02
         4        1997-01-01
         5        1997-01-01
                     ...
         23566    1997-03-25
         23567    1997-03-25
         23568    1997-03-25
         23569    1997-03-25
         23570    1997-03-25
         Name: order_date, Length: 23570, dtype: datetime64[ns]
```

图 11-21　首次购买用户量

再用图形反馈首次购物时间的个数。代码如下：

df.groupby(by = ′user_id′)[′order_date′].min( ).value_counts( ).plot( )

运行结果见图 11-22。

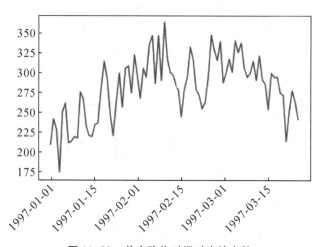

图 11-22　首次购物时间对应的人数

　　横坐标代表时间,纵坐标代表时间点对应的首次购物的用户数量。数据特征显示, 1997 年 2 月初之前,用户购买呈现上升趋势,2 月中旬到 3 月初呈现较强的波动性。3 月中旬以后,用户购买数又呈现逐渐下降的趋势,由此判断,在 2 月份公司应该采取了比较大的规模的促销活动。

　　②最后一次购物时间。

　　代码如下：

df.groupby(by = ′user_id′)[′order_date′].max( ).value_counts( ).plot( )

运行结果见图 11-23。

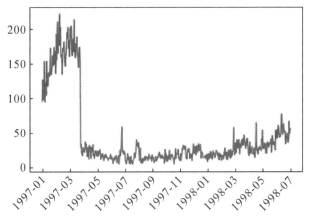

图 11-23　最后一次购物时间

数据显示,大多数用户最后一次购买时间集中在 1997 年前 3 个月,后期用户流失很厉害,说明主要的购买用户是冲着大的促销活动进行的购买行为,缺少忠实客户。随着时间的推移,后期购买呈现一定的波动和下降后,又呈现了用户稳步递增的趋势。

11.2.4　用户分层

为了精细化运营,我们运用 RFM 模型,对用户的价值指数进行计算,衡量历史到当前的用户贡献的收益。

RFM 中的 R(Recency),代表最近一次消费,R 值越大,代表客户交易发生的日期越久,反之,日期越近,该指标为逆向指标。F(Frequency),是消费频率,F 值越大,代表用户交易频繁,反之,交易不活跃,此指标为正向指标。M(Moneytary),是消费金额,M 越大,客户价值越高,反之,价值越低。RFM 就是由这三个维度构成的反应用户消费能力、消费活跃度和消费频率的透视表(见图 11-24),也是正向指标。

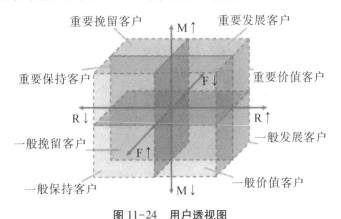

图 11-24　用户透视图

透视表:对数据动态排布并分类汇总的表格格式。在 Python 中用户可以运用 pandas 里的 pivot_table 来实现透视表功能。透视表的脉络清晰,操作性强。

本分析中把消费数量作为消费频率,用交易金额作为 F。

#index:充当分组的功能(groupby),

#aggfunc:聚合函数,其取值必须在 values 中,并且必须跟随有效的聚合函数(均值,

求和等)

rfm = df.pivot_table(index = ´user_id´, values = [´order_products´, ´order_amount´, ´order_date´],

aggfunc = {
´order_date´:´max´, #最后一次购买
´order_products´:´sum´, #购买总数量
´order_amount´:´sum´ #消费总金额
})

rfm.head()

运行结果见图 11-25。

user_id	order_amount	order_date	order_products
1	11.77	1997-01-01	1
2	89.00	1997-01-12	6
3	156.46	1998-05-28	16
4	100.50	1997-12-12	7
5	385.61	1998-01-03	29

图 11-25 透视分析数据

这三列数据就是进行透视表分析要用到的数据。只是透视表中的 R 代表离最近一次消费的差,需要再求一下透视表中的 R 数据。代码如下:

rfm[´R´] = rfm["order_date"] - rfm[´order_date´].max()

运行结果见图 11-26。

```
Out[21]: user_id
         1        -545 days
         2        -534 days
         3         -33 days
         4        -200 days
         5        -178 days
                    ...
         23566    -462 days
         23567    -462 days
         23568    -434 days
         23569    -462 days
         23570    -461 days
Name: R, Length: 23570, dtype: timedelta64[ns]
```

图 11-26 RMF 数据准备 a

值为负数,转换为正数,并且转换为天数:用客户的最后一次购买时间减去日期列中的最大值,求相反数,再转换为天数。代码如下:

rfm[´R´] = -(rfm["order_date"] - rfm[´order_date´].max())/np.timedelta64(1, ´D´)

运行结果见图 11-27。

```
Out[23]:  user_id
          1          545.0
          2          534.0
          3           33.0
          4          200.0
          5          178.0
                      ...
          23566      462.0
          23567      462.0
          23568      434.0
          23569      462.0
          23570      461.0
          Name: R, Length: 23570, dtype: float64
```

图 11-27　逆向指标正向化处理

#np.timedelta64(1,'D'),含义是转换为天数,并且保留一位小数。

解读:第一个用户离最后一次消费的天数是 545 天。

F 值:order_products

M 值:order_amount

透视表分析:

出于规范性考虑,重新指定名称。

代码如下:

rfm.rename(columns = {'order_products':'F','order_amount':'M'})

rfm.head()

运行结果见图 11-28。

Out[26]:

user_id	order_amount	order_date	order_products	R
1	11.77	1997-01-01	1	545.0
2	89.00	1997-01-12	6	534.0
3	156.46	1998-05-28	16	33.0
4	100.50	1997-12-12	7	200.0
5	385.61	1998-01-03	29	178.0

图 11-28　透视表 F 数据

rfm.rename(columns = {'order_products':'F','order_amount':'M'},inplace = True)

rfm.head()

运行结果见图 11-29。

Out[27]:

user_id	M	order_date	F	R
1	11.77	1997-01-01	1	545.0
2	89.00	1997-01-12	6	534.0
3	156.46	1998-05-28	16	33.0
4	100.50	1997-12-12	7	200.0
5	385.61	1998-01-03	29	178.0

图 11-29　透视表 M 数据

透视表：计算分层指标，将客户根据 RMF 三个维度进行分层。

计算公式：每列数据-该列数据均值。

计算数据大于等于 1，赋值为 1，否则为 0（解读，将每一类数据根据大于等于平均值进行分类，分为两类）。

最后的赋值为 0 与 1 的组合，如 001,100（一般挽留客户）,111（重要价值客户）。

具体计算过程如下：

rfm[′R′]-rfm[′R′].mean( )

运行结果见图 11-30。

```
Out[28]: user_id
1           177.778362
2           166.778362
3          -334.221638
4          -167.221638
5          -189.221638
              ...
23566        94.778362
23567        94.778362
23568        66.778362
23569        94.778362
23570        93.778362
Name: R, Length: 23570, dtype: float64
```

图 11-30　运行结果

三类计算的处理结果见图 11-31。

rfm[[′R′,′F′,′M′]].apply(lambda x:x-x.mean( ))

	R	F	M
user_id			
1	177.778362	-6.122656	-94.310426
2	166.778362	-1.122656	-17.080426
3	-334.221638	8.877344	50.379574
4	-167.221638	-0.122656	-5.580426
5	-189.221638	21.877344	279.529574
...	...	...	...
23566	94.778362	-5.122656	-70.080426
23567	94.778362	-6.122656	-85.110426
23568	66.778362	-1.122656	15.619574
23569	94.778362	-5.122656	-80.340426
23570	93.778362	-2.122656	-12.000426

图 11-31　透视表数据

转换为 0,1 变量代码如下：

```
def rfm_func(x):
    level = x.apply(lambda x:'1' if x>=1 else '0')
print(level)
rfm[['R','F','M']].apply(lambda x:x-x.mean()).apply(rfm_func,axis=1)
```

运行结果见图 11-32。

```
R    1
F    0
M    0
Name: 1, dtype: object
R    1
F    0
M    0
Name: 2, dtype: object
R    0
F    1
M    1
Name: 3, dtype: object
R    0
F    0
M    0
Name: 4, dtype: object
R    0
F    1
M    1
```

图 11-32　转换成分类变量

```
def rfm_func(x):
    level = x.apply(lambda x:'1' if x>=1 else '0')
    label=level['R']+level['F']+level['M'] #拼接字符串
    d={
        '111':'重要价值客户',
```

```
            '011'：'重要保持客户'，
            '101'：'重要发展客户'，
            '001'：'重要挽留客户'，
            '010'：'一般保持客户'，
            '100'：'一般发展客户'，
            '110'：'一般价值客户'，
        '000'：'一般挽留客户'
            }
        result = d [ label ]
    return result
rfm [ 'label' ] = rfm [ [ 'R'，'F'，'M' ] ].apply ( lambda x：x−x.mean ( ) ).apply ( rfm_func，axis
= 1 )
```

```
rfm.head ( )
```

运行结果见图 11−33。

Out[48]:

user_id	M	order_date	F	R	label
1	11.77	1997-01-01	1	545.0	一般发展客户
2	89.00	1997-01-12	6	534.0	一般发展客户
3	156.46	1998-05-28	16	33.0	重要保持客户
4	100.50	1997-12-12	7	200.0	一般挽留客户
5	385.61	1998-01-03	29	178.0	重要保持客户

图 11−33　客户分类

客户分层可视化。代码如下：

```
for label，grouped in rfm.groupby ( 'label' )：
print ( label，grouped )
```

运行结果见图 11−34。

一般价值客户			M	order_date	F	R
user_id						
928	103.36	1997-04-27	9	429.0	一般价值客户	
1784	105.89	1997-02-06	11	509.0	一般价值客户	
3247	101.29	1997-03-23	11	464.0	一般价值客户	
4132	96.82	1997-01-17	18	529.0	一般价值客户	
4632	96.96	1997-04-22	9	434.0	一般价值客户	
6936	106.19	1997-01-27	12	519.0	一般价值客户	
8610	101.73	1997-02-03	9	512.0	一般价值客户	
10733	100.57	1997-02-25	9	490.0	一般价值客户	
11541	104.52	1997-02-11	9	504.0	一般价值客户	
14183	78.69	1997-02-20	9	495.0	一般价值客户	
14262	91.15	1997-02-22	9	493.0	一般价值客户	
16357	96.86	1997-06-22	9	373.0	一般价值客户	
16540	87.56	1997-03-05	10	482.0	一般价值客户	
17567	101.33	1997-03-28	9	459.0	一般价值客户	
20140	89.20	1997-04-02	9	454.0	一般价值客户	
20385	102.35	1997-03-13	10	474.0	一般价值客户	
20608	105.94	1997-04-28	10	428.0	一般价值客户	

图 11-34　透视表最终数据

for label,grouped in rfm.groupby('label'):
#print(label,grouped)
    x=grouped['F']
    y=grouped['R']
    plt.scatter(x,y,label=label)
plt.legend()

运行结果见图 11-35。

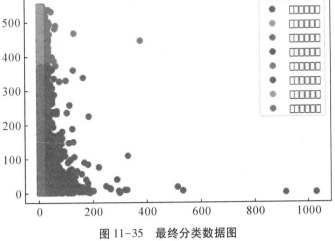

图 11-35　最终分类数据图

参考文献

[1]张奎,马萌.Python金融量化分析[M].北京:机械工业出版社,2022.

[2]许启发,蒋翠侠.R软件及其在金融定量分析中的应用[M].北京:清华大学出版社,2020.

[3]欧阳资生,阳旸,马倩虹.金融计量学:基于R和Python[M].北京:中国人民大学出版社,2023.

[4]陈强.高级计量经济学及Stata应用[M].北京:高等教育出版社,2023.

[5]何平平,车云月.大数据金融与征信[M].北京:清华大学出版社,2017.

[6]周志华.机器学习[M].北京:清华大学出版社,2018.

[7]刘金玲,钱升华.文本数据挖掘与Python应用[M].北京:清华大学出版社,2021.

[8]黄恒秋,张良均,谭立云,等.Python金融数据分析与挖掘实战[M].北京:人民邮电出版社,2020.

[9]张宗新,宋军.金融计量学[M].天津:南开大学出版社,2022.

[10]史卫亚.Python3.X网络爬虫:从零基础到项目事件[M].北京:北京大学出版社,2020.

[11]张思成.金融计量学:时间序列分析视角[M].北京:中国人民大学出版社,2020.

[12]戴维·罗伯特.金融统计与数据分析[M].王科研,李洪成,等译.北京:机械工业出版社,2018.

[13]HILPISH YVES. Derivatives analytics with Python [M]. London: Wiley Finance, 2015.

[14]卫斯理·春.Python核心编程[M].孙波翔,李斌,李晗,译.北京:人民邮电出版社,2016.

[15]埃里克·马瑟斯.Python编程:从入门到实践[M].袁国忠,译.北京:人民邮电出版社,2020.

[16]李子奈,潘文钦.计量经济学[M].北京:高等教育出版社,2015.

[17]本·斯蒂芬斯.Python编程练习与解答[M].孙鸿飞,史苇杭,译.北京:清华大学出版社,2021.

［18］丁奉乾.Python 量化金融编程［M］.北京:北京大学出版社,2020.

［19］伊夫·希尔皮斯科.Python 金融大数据分析［M］.姚军,译.北京:人民邮电出版社,2020.

［20］蔡运坤,周京奎,袁旺平.数据要素共享与城市创业活力:来自公共数据开放的经验证据［J］.数量经济技术经济研究, 2024,41(8):5-25.

［21］蔡继明,曹越洋,刘乐易.论数据要素按贡献参与分配的价值基础:基于广义价值论的视角［J］.数量经济技术经济研究,2023,40(8):5-24.

［22］周密,王雷,郭佳宏.新质生产力背景下数实融合的测算与时空比较:基于专利共分类方法的研究［J］.数量经济技术经济研究,2024,41(7):5-27.

［23］佘楷文,申宇,赵绍阳.大数据对银行信贷行为的影响:来自数字社会信用平台的证据［J］.经济研究,2024,59(3):147-165.

［24］张维,林犇,康俊卿,等.计算实验金融工程:大数据驱动的金融管理决策工具［J］.管理世界,2023,39(5):173-190.

［25］陈国青,张瑾,王聪,等."大数据—小数据"问题:以小见大的洞察［J］.管理世界,2021,37(2):203-213.

［26］洪永淼,汪寿阳.数学、模型与经济思想［J］.管理世界,2020,36(10):15-27.

［27］LIJIAN WEI,WEI ZHANG,XIONG XIONG,et al. Position limit for the CSI 300 stock index futures market［J］. Economic Systems,2015,39(3):369-389.

［28］NICHOLAS C BARBERIS. Thirty years of prospect theory in economics:a review and assessment［J］. The Journal of Economic Perspectives,2013,27(1):173-195.

［29］范小云,王业东,王道平,等.不同来源金融文本信息含量的异质性分析:基于混合式文本情绪测度方法［J］.管理世界,2022,38(10):78-101.

［30］王道平,范小云,贾昱宁,等.投资者情绪、过度交易与中国 A 股市场波动:基于证券投资者信心指数调查数据的分析［J］. 管理科学学报,2022,25(7):85-105.

［31］KIM KARAM,RYU DOOJIN.Sentiment changes and the Monday effect［J］. Finance Research Letters,2022,47(6):1016-1027.

［32］SELIN DUZ TAN,OKTAY,TAS.Social media sentiment in international stock returns and trading activity［J］. Journal of Behavioral Finance,2020,22(2):1-14.

［33］PRIYANK GANDHI, TIM LOUGHRAN, BILL MCDONALD.Using annual report sentiment as a proxy for financial distress in U.S. banks［J］. Journal of Behavioral Finance,2019,20(4):424-436.

附　表

附表 1　金融发展相关数据

id	year	Indcd	qa	roa	debt	mtb	size	dr	fr	ldr	ppe	lnage	cash
1	2007	K70	2. 520 221	0. 053 125	0. 661 125	0. 134 462	25. 329 38	0. 249 320 54	0. 487 279 51	0. 163 466 38	0. 005 747	3. 135 494	0. 349 5
1	2008	K70	1. 249 145	0. 038 913	0. 674 441	0. 260 626	25. 504 375	0. 275 154 48	0. 541 391 93	0. 125 315 03	0. 010 612	3. 178 054	0. 309 483
1	2009	K70	1. 511 156	0. 046 727	0. 670 017	0. 218 365	25. 647 679	0. 232 000 14	0. 494 578 84	0. 169 295 68	0. 009 854	3. 218 876	0. 323 293
1	2010	K70	1. 165 389	0. 040 993	0. 746 861	0. 217 214	26. 096 865	0. 219 791 66	0. 601 244 03	0. 141 958 78	0. 005 656	3. 258 096	0. 270 704
1	2011	K70	1. 042 68	0. 039 16	0. 770 997	0. 219 629	26. 385 936	0. 170 125 59	0. 677 644 97	0. 090 552 31	0. 005 388	3. 295 837	0. 167 464
1	2012	K70	1. 076 892	0. 041 348	0. 783 163	0. 201 354	26. 385 936	0. 188 999 8	0. 685 935 74	0. 095 131 78	0. 004 256	3. 332 205	0. 196 742
1	2013	K70	0. 968 694	0. 038 183	0. 779 97	0. 227 141	26. 385 936	0. 160 068 81	0. 686 390 19	0. 091 988 8	0. 004 444	3. 367 296	0. 130 743
1	2014	K70	1. 064 914	0. 037 937	0. 772 046	0. 214 058	26. 385 936	0. 135 680 79	0. 679 874 27	0. 090 771 34	0. 004 54	3. 401 197	0. 178 367
1	2015	K70	1. 192 347	0. 042 45	0. 777 015	0. 187 013	26. 385 936	0. 130 036 75	0. 687 166 49	0. 086 446 56	0. 008 044	3. 401 197	0. 123 19
1	2016	K70	1. 069 01	0. 034 129	0. 805 367	0. 182 068	26. 385 936	0. 155 132 21	0. 698 226 18	0. 102 945 82	0. 008 199	3. 401 197	0. 137 052
1	2017	K70	1. 117 963	0. 031 929	0. 839 813	0. 143 285	26. 385 936	0. 163 577 39	0. 727 127 19	0. 110 140 35	0. 006 092	3. 401 197	0. 193 928
1	2018	K70	1. 015 736	0. 032 234	0. 845 856	0. 151 756	26. 385 936	0. 161 730 91	0. 733 958 58	0. 109 921 8	0. 007 545	3. 401 197	0. 156 579
1	2019	K70	1. 046 272	0. 031 869	0. 843 59	0. 149 493	26. 385 936	0. 150 281 7	0. 735 642 88	0. 094 781 49	0. 007 168	3. 401 197	0. 125 52
2	2007	S90	2. 331 431	0. 056 781	0. 591 281	0. 175 308	22. 487 877	0. 279 528 7	0. 389 684 14	0. 192 958 39	0. 143 563	3. 178 054	0. 330 242
2	2008	S90	1. 193 601	0. 044 634	0. 589 999	0. 343 499	22. 528 894	0. 282 614 85	0. 421 187 96	0. 167 564 25	0. 147 308	3. 218 876	0. 234 951
2	2009	S90	2. 085 752	0. 054 465	0. 602 092	0. 190 774	22. 738 437	0. 314 746 34	0. 377 310 45	0. 220 616 25	0. 120 552	3. 258 096	0. 545 606
2	2010	S90	2. 430 218	0. 044 051	0. 629 53	0. 152 443	23. 028 313	0. 372 200 26	0. 352 828 91	0. 269 392 36	0. 085 806	3. 295 837	0. 453 934
2	2011	S90	1. 652 351	0. 032 28	0. 650 402	0. 211 576	23. 190 147	0. 395 056 04	0. 405 170 03	0. 241 763 23	0. 083 846	3. 332 205	0. 241 583
2	2012	S90	1. 368 567	0. 023 331	0. 643 669	0. 260 368	23. 301 308	0. 412 455 6	0. 503 844 77	0. 129 400 07	0. 088 945	3. 367 296	0. 277 864
2	2013	S90	1. 494 473	0. 032 63	0. 628 798	0. 248 383	23. 334 203	0. 394 329 52	0. 531 135 87	0. 085 599 03	0. 116 107	3. 401 197	0. 203 686
2	2014	S90	1. 942 827	0. 032 091	0. 628 934	0. 190 993	23. 412 846	0. 394 931 91	0. 417 694 28	0. 197 732 22	0. 112 365	3. 401 197	0. 310 997
2	2015	S90	2. 138 49	0. 053 324	0. 638 202	0. 169 184	23. 619 947	0. 433 114 95	0. 455 011 31	0. 168 191 68	0. 124 35	3. 401 197	0. 440 357
2	2016	S90	1. 644 684	0. 019 4	0. 623 791	0. 228 742	23. 797 02	0. 422 907 72	0. 461 252 89	0. 142 417 73	0. 138 208	3. 401 197	0. 183 657
2	2017	S90	1. 203 513	0. 011 924	0. 633 121	0. 304 84	24. 023 149	0. 414 779 68	0. 409 284 11	0. 201 872 26	0. 137 033	3. 401 197	0. 335 052
2	2018	S90	0. 960 785	0. 022 281	0. 649 896	0. 364 394	24. 119 444	0. 363 640 12	0. 430 727 21	0. 197 960 3	0. 140 172	3. 401 197	0. 354 629
2	2019	S90	1. 171 654	0. 023 564	0. 645 559	0. 302 513	24. 131 432	0. 386 218 34	0. 407 435 86	0. 192 992 65	0. 154 364	3. 401 197	0. 425 76
3	2007	C30	2. 109 266	0. 067 107	0. 493 006	0. 240 365	22. 857 785	0. 338 390 27	0. 425 766 48	0. 060 826 04	0. 612 648	3. 135 494	0. 349 988
3	2008	C30	1. 213 046	0. 048 21	0. 536 142	0. 382 391	23. 062 767	0. 387 734 86	0. 421 069 04	0. 110 275 78	0. 534 249	3. 178 054	0. 090 391
3	2009	C30	1. 912 127	0. 083 806	0. 485 852	0. 268 888	23. 113 253	0. 316 415 82	0. 395 328 14	0. 083 346 07	0. 738 07	3. 218 876	0. 147 326
3	2010	C30	3. 062 951	0. 128 068	0. 457 945	0. 176 971	23. 246 561	0. 293 473 79	0. 224 543 51	0. 217 118 34	0. 708 193	3. 258 096	0. 235 793
3	2011	C30	1. 502 386	0. 087 526	0. 521 906	0. 318 223	23. 449 902	0. 313 907 24	0. 295 857 72	0. 200 942 58	0. 617 201	3. 295 837	0. 140 323
3	2012	C30	1. 474 481	0. 025 796	0. 493 004	0. 343 847	23. 386 026	0. 339 532 59	0. 282 541 28	0. 188 181 71	0. 656 986	3. 332 205	0. 110 54
3	2013	C30	1. 396 454	0. 107 516	0. 442 868	0. 398 962	23. 436 56	0. 273 133 18	0. 259 790 47	0. 152 129 83	0. 529 213	3. 367 296	0. 070 571
3	2014	C30	1. 428 544	0. 055 877	0. 442 985	0. 389 918	23. 450 098	0. 291 801 52	0. 374 827 14	0. 025 111 76	0. 644 522	3. 401 197	0. 028 936
3	2015	C30	1. 918 22	0. 034 983	0. 511 696	0. 254 561	23. 474 195	0. 361 197 01	0. 335 154 73	0. 140 510 61	0. 651 438	3. 401 197	0. 109 526
3	2016	C30	1. 631 295	0. 046 902	0. 525 907	0. 290 624	23. 565 078	0. 378 255 05	0. 405 627 63	0. 083 902 46	0. 668 227	3. 401 197	0. 084 047

id	year	Indcd	qa	roa	debt	mtb	size	dr	fr	ldr	ppe	lnage	cash
3	2017	C30	1. 402 037	0. 042 418	0. 550 57	0. 320 555	23. 695 474	0. 315 485 62	0. 381 666 09	0. 139 028 1	0. 590 774	3. 401 197	0. 329 909
3	2018	C30	1. 004 205	0. 024 705	0. 505 634	0. 492 296	23. 673 699	0. 316 927 6	0. 324 116 9	0. 148 873 91	0. 519 552	3. 401 197	0. 359 167
3	2019	C30	1. 138 865	0. 030 79	0. 457 957	0. 475 95	23. 624 755	0. 289 741 37	0. 350 733 97	0. 077 328 02	0. 537 493	3. 401 197	0. 286 951
4	2007	C39	1. 050 902	0. 023 069	0. 591 938	0. 388 297	22. 950 909	0. 002 371 21	0. 588 315 48	0	0. 139 217	3. 295 837	0. 137 872
4	2008	C39	0. 918 219	0. 026 331	0. 617 391	0. 416 686	23. 079 413	0. 127 615 84	0. 613 206 85	0	0. 127 408	3. 332 205	0. 130 618
4	2009	C39	1. 187 28	0. 010 863	0. 697 358	0. 254 903	23. 330 986	0. 204 156 63	0. 691 473 17	0	0. 105 665	3. 367 296	0. 079 935
4	2010	C39	1. 023 306	0. 006 145	0. 743 477	0. 250 681	23. 524 618	0. 390 316 34	0. 704 522 49	0. 032 793 07	0. 090 386	3. 401 197	0. 049 091
4	2011	C39	0. 936 678	0. 001 43	0. 749 408	0. 267 533	23. 550 961	0. 440 380 08	0. 703 427 96	0. 037 855 37	0. 105 241	3. 401 197	0. 054 358
4	2012	C39	0. 945 777	0. 002 743	0. 743 593	0. 271 107	23. 530 432	0. 402 486 56	0. 709 853 88	0. 025 961 61	0. 113 98	3. 401 197	0. 070 088
4	2013	C39	0. 975 934	0. 003 801	0. 728 132	0. 278 573	23. 479 68	0. 333 210 35	0. 717 400 86	0. 002 309 97	0. 121 227	3. 401 197	0. 156 849
4	2014	C39	1. 063 569	0. 003 607	0. 743 884	0. 240 808	23. 543 415	0. 363 826 71	0. 674 484 12	0. 058 856 31	0. 106 303	3. 401 197	0. 144 93
4	2015	C39	1. 586 603	-0. 089 531	0. 784 184	0. 136 024	23. 380 049	0. 333 175 42	0. 766 770 7	0. 003 777 68	0. 123 751	3. 401 197	0. 136 194
4	2016	C39	1. 344 68	0. 005 346	0. 807 546	0. 143 122	23. 570 679	0. 384 667 94	0. 773 100 05	0. 005 805 36	0. 091 282	3. 401 197	0. 148 061
4	2017	C39	1. 152 519	0. 204 496	0. 652 011	0. 301 938	23. 882 763	0. 301 155 65	0. 638 033 14	0. 007 091 28	0. 067 371	3. 401 197	0. 206 097
4	2018	C39	0. 918 139	0. 020 27	0. 713 465	0. 312 082	24. 219 321	0. 439 014 65	0. 687 457 68	0. 017 382 86	0. 073 07	3. 401 197	0. 151 445
4	2019	C39	0. 972 553	0. 007 865	0. 766 908	0. 239 671	24. 474 814	0. 479 507 83	0. 520 014 44	0. 240 949 66	0. 060 142	3. 401 197	0. 202 914
5	2007	C39	1. 916 713	0. 137 866	0. 322 148	0. 353 654	22. 361 128	0	0. 313 203 37	0. 001 517 74	0. 162 393	2. 639 057	1. 026 546
5	2008	C39	1. 017 097	0. 073 061	0. 200 2	0. 758 364	22. 189 232	0	0. 185 450 91	0	0. 188 742	2. 708 05	1. 660 925
5	2009	C39	2. 358 889	0. 048 991	0. 271 815	0. 308 698	22. 414 891	0. 081 043 06	0. 268 305 94	0	0. 240 783	2. 772 589	1. 129 015
5	2010	C39	2. 649 798	0. 053 452	0. 328 237	0. 253 515	22. 620 367	0. 112 674 87	0. 320 350 1	0	0. 200 577	2. 833 213	0. 674 267
5	2011	C39	1. 236 506	0. 021 297	0. 582 013	0. 338 038	23. 058 972	0. 467 179 4	0. 578 015 69	0	0. 143 165	2. 890 372	0. 374 698
5	2012	C39	1. 201 87	0. 000 83	0. 591 78	0. 339 654	23. 043 825	0. 487 843 18	0. 588 980 05	0	0. 123 528	2. 944 439	0. 309 913
5	2013	C39	1. 183 176	0. 011 574	0. 638 573	0. 305 472	23. 342 598	0. 512 653 58	0. 647 847 92	0	0. 096 881	3. 044 523	0. 205 504
5	2014	C39	1. 380 557	0. 011 111	0. 649 905	0. 253 59	23. 393 989	0. 517 896 56	0. 627 350 67	0. 000 003 88	0. 147 513	3. 091 043	0. 252 781
5	2015	C39	1. 873 61	0. 012 601	0. 636 919	0. 193 787	23. 386 145	0. 337 387 45	0. 531 333 44	0. 000 002 48	0. 216 667	3. 135 494	0. 173 164
5	2016	C39	1. 731 243	0. 019 095	0. 547 908	0. 261 137	23. 184 338	0. 472 208 77	0. 626 419 74	0	0. 146 887	3. 178 054	0. 154 964
5	2017	C39	1. 504 594	0. 034 573	0. 642 835	0. 237 383	23. 532 637	0. 419 693 07	0. 563 216 19	0	0. 160 49	3. 218 876	0. 200 748
5	2018	C39	1. 105 505	0. 035 343	0. 576 803	0. 382 808	23. 495 656	0. 447 270 13	0. 603 574 59	0	0. 147 366	3. 258 096	0. 127 309
5	2019	C39	1. 585 456	0. 023 945	0. 615 132	0. 242 749	23. 638 512						

附表 2　两个城市的 GDP 数据

年份	BJ 市	TJ 市
2000	26 980. 00	19 141. 00
2001	30 730. 00	21 387. 00
2002	34 777. 00	25 544. 00
2003	40 916. 00	30 575. 00
2004	45 993. 00	37 796. 00
2005	51 722. 00	42 141. 00
2006	60 096. 00	47 970. 00
2007	64 491. 00	58 656. 00
2008	66 940. 00	62 574. 00
2009	73 856. 00	72 994. 00
2010	81 658. 00	85 213. 00
2011	87 475. 00	93 173. 00
2012	93 213. 00	99 607. 00
2013	99 121. 00	102 642. 00
2014	104 680. 00	103 456. 00
2015	112 345. 00	110 987. 00
2016	120 090. 00	119 876. 00
2017	125 678. 00	124 566. 00
2018	130 987. 00	129 876. 00
2019	145 000. 00	136 786. 00

附表 3 上证 A、B 股指数周数据

周线	A 股指数	B 股指数
时间	收盘价	收盘价
20070427	3 950. 843 994	215. 985 000 6
20070430	4 035. 085 938	231. 134 002 7
20070511	4 218. 728 027	289. 209 014 9
20070518	4 218. 915 039	360. 665 985 1
20070525	4 381. 565 918	323. 618 988
20070601	4 197. 083 008	282. 332 000 7
20070608	4 103. 753 906	288. 449 005 1
20070615	4 334. 584 961	301. 329 986 6
20070622	4 293. 711 914	276. 519 989
20070629	4 009. 968 018	254. 981 002 8
20070706	3 968. 128 906	256. 907 012 9
20070713	4 106. 208 984	279. 291 992 2
20070720	4 258. 092 773	286. 574 005 1
20070727	4 557. 430 176	317. 566 009 5
20070803	4 784. 387 207	324. 273 010 3
20070810	4 984. 512 207	317. 571 014 4
20070817	4 888. 425 781	299. 872 985 8
20070824	5 363. 203 125	318. 184 997 6
20070831	5 480. 113 77	323. 399 993 9
20070907	5 540. 722 168	332. 890 014 6
20070914	5 575. 636 23	351. 415 985 1
20070921	5 725. 370 117	359. 279 998 8
20070928	5 827. 661 133	367. 350 006 1
20071012	6 196. 974 121	382. 243 988
20071019	6 106. 693 848	384. 119 995 1
20071026	5 868. 066 895	358. 433 990 5
20071102	6 065. 525 879	371. 407 989 5
20071109	5 579. 123 047	352. 424 987 8
20071116	5 581. 432 129	337. 531 005 9
20071123	5 281. 777 832	336. 520 996 1
20071130	5 112. 126 953	343. 010 986 3

周线	A 股指数	B 股指数
20071207	5 342. 920 898	358. 962 005 6
20071214	5 254. 713 867	355. 963 012 7
20071221	5 353. 759 766	355. 484 985 4
20071228	5 521. 490 234	365. 929 992 7
20080104	5 626. 420 898	373. 140 014 6
20080111	5 756. 641 113	367. 940 002 4
20080118	5 436. 875 977	354. 496 002 2
20080125	4 997. 673 828	321. 106 994 6
20080201	4 534. 574 219	295. 812 011 7
20080205	4 827. 100 098	317. 713 989 3
20080215	4 719. 392 09	311. 549 987 8
20080222	4 585. 488 77	313. 636 993 4
20080229	4 562. 782 227	310. 595 001 2
20080307	4 512. 222 168	309. 484 008 8